Inhaltsverzeichnis

W0046733

Trauung

Hochzeitsreise & Danach

Hochzeitsfeier

Anhang

Die Idee

Selbst die erfahrensten Piloten vertrauen bei jedem Start und jeder Landung auf praxiserprobte Checklisten, warum sollten Sie es dann bei Ihrer Hochzeit anders machen?

Die meisten Menschen planen in ihrem Leben nur ein einziges Mal diesen besonderen Tag und genau hier liegt die Schwierigkeit: So viele neue Dinge müssen organisiert, geplant und beachtet werden. Hat man dann doch etwas vergessen und es fällt erst bei der Hochzeit auf, dann ist es meistens schon zu spät.

Genau aus diesem Grund haben wir uns entschieden, dieses Buch zu schreiben. Mit den ausführlichen Checklisten aus diesem Buch können Sie einfach Punkt für Punkt Ihre Hochzeitsvorbereitung abarbeiten und wissen dann genau, dass Sie nichts vergessen haben.

Leider ist es unmöglich ein Hochzeitsbuch zu schreiben, das wirklich jedes Thema bis ins Detail behandelt, unzählige Bilder und Ideen beinhaltet und für jeden Geschmack bzw. Budget einen genauen Plan bereitstellt. Deshalb haben wir uns in diesem Buch auf die Checklisten konzentriert. Sie sollen Ihnen dabei helfen, ihre Hochzeitsvorbereitung so stressfrei wie möglich zu planen.

Die Checklisten ermöglichen es Ihnen, an alles Wichtige zu denken. Die Feinheiten und die einzelnen Entscheidungen können nur Sie treffen. Und so individuell wie jeder Mensch ist, genauso individuell ist jede Hochzeit. Daher empfehlen wir Ihnen, dieses Buch als Ihre Basis der Hochzeitsplanung zu nehmen und für die Feinheiten weitere Möglichkeiten der Information und Inspiration zu nutzen, z.B. Hochzeitswebseiten, -foren, -zeitschriften, bereits verheiratete Freunde und natürlich auch andere Bücher.

Wenn Sie dieses Buch in den Händen halten, dann ist für Sie die Hochzeit vermutlich auch einer der wichtigsten Tage in Ihrem Leben (ansonsten würden Sie wohl einfach drauflos planen). Und mit diesen Checklisten wird es Ihnen gelingen, dass es neben einer stressfreien Vorbereitung auch einer der schönsten Tage Ihres Lebens sein wird.

100

HOCHZEIT-
CHECKLISTEN

von Raffael und Sonja Schulz

Inhaltsverzeichnis

So nutzen Sie das Buch

Dieses Buch ist ein Arbeitsbuch. Nehmen Sie einen Kugelschreiber oder einen Bleistift zur Hand und haken Sie die einzelnen Punkte ab, die Sie schon erledigt haben. Machen Sie Notizen. Notieren Sie die Antworten der Dienstleister auf Ihre Fragen in diesem Buch. Füllen Sie die Liste mit den Dienstleister-Kontaktdaten und die Gästeliste aus. So haben Sie alle Informationen an einem Ort. Sie werden merken wie einfach es ist, wenn die Hochzeitsplanung eine Struktur hat.

Da die Checklisten so viele Situationen wie möglich abdecken sollen, kann es sein, dass der eine oder andere Punkt für Sie nicht interessant ist. Streichen Sie in diesem Fall den Punkt einfach komplett durch, damit Sie einen besseren Überblick haben, welche Punkte für Sie wichtig sind. Zur Vollständigkeit haben wir auch ein paar Punkte mehrfach an unterschiedlichen Stellen erwähnt.

Wenn Sie gerne am Computer arbeiten, dann empfehlen wir Ihnen, einige der Listen digital zu bearbeiten. Dazu stellen wir Ihnen die Listen auch zum Download zur Verfügung (die Internetadressen finden Sie dazu in den entsprechenden Kapiteln). Mit der digitalen Version können Sie Änderungen noch einfacher vornehmen, z.B. falls ein Gast nach einer Zusage doch noch absagt.

Zeichenerklärung

In vielen Kapiteln finden Sie neben den Checklisten auch noch weitere Tipps, die besonders markiert sind. In der folgenden Box werden die verwendeten Zeichen erklärt.

✓ Bei „Unsere Tipps" finden Sie tolle Ideen und besondere Anregungen für die Hochzeit.

! Bei diesem Zeichen finden Sie Warnhinweise, die Ihnen helfen sollen, Fehler zu vermeiden und Problemen vorzubeugen.

€ Neben dem Eurozeichen finden Sie Spar-Tipps und Ideen, wie Sie auch mit niedrigem Budget ein tolles Fest gestalten können.

@ Zu manchen Themen empfehlen wir Ihnen besondere Webseiten oder Dienstleister. Um Ihnen die lästige Tipparbeit zu ersparen, haben wir lange Links gekürzt und Sie werden über den angegebenen Link zur entsprechenden Seite weitergeleitet. Die gekürzten Links fangen immer mit www.100checklisten.de an.

 Bei diesem Symbol finden Sie weitere Dateien zum Download, z.B. Listen, die Sie in Excel (anstatt auf dem Papier) bearbeiten können.

Die 12-Monats-Checkliste, die Sie Schritt für Schritt abarbeiten können, ist die Basis Ihrer Hochzeitsplanung. Zu vielen Punkten finden Sie weitere wichtige Checklisten, Fragen und Informationen in diesem Buch (die Seitenzahlen werden jeweils dazu angegeben).

Die Zeitangaben sind grobe Erfahrungswerte, die in der Realität bei jeder Hochzeitsplanung abweichen können. Je früher Sie mit der Planung anfangen, umso stressfreier wird es natürlich für Sie. Sollten Ihnen weniger als 12 Monate für die Hochzeitsplanung zur Verfügung stehen, können Sie die Zeiträume einfach entsprechend anpassen.

Achten Sie aber darauf, dass Sie sich rechtzeitig nach Location und Dienstleistern umsehen, denn die wirklich guten und günstigen Locations/Dienstleister sind oft früh ausgebucht.

12 Monate bis zur Hochzeit

- ☐ Verlobungsfeier organisieren (siehe Seite 22)
- ☐ Wichtige eheliche Dinge vor der Hochzeit besprechen (siehe Seite 20)
- ☐ Allgemeine Fragen zur Hochzeit mit dem Partner klären (siehe Seite 21)
- ☐ Termin der Feier festlegen (zumindest den Monat) und mit engsten Verwandten und Freunden abklären
- ☐ Hochzeitsordner anlegen
  Hier können Sie alle wichtigen Unterlagen, Dokumente und Ideen übersichtlich abheften

11 Monate bis zur Hochzeit

- ☐ Budget grob festlegen (siehe Seite 12)
- ☐ (Vorläufige) Gästeliste erstellen (siehe Seite 34)
- ☐ Grobe Auswahl der Location für Trauung und Feier (siehe Seite 84)
  2-5 in die engere Auswahl nehmen und so früh wie möglich reservieren oder sogar buchen
- ☐ Evtl. Wedding Planner buchen (siehe Seite 25)

12-Monats-Checkliste

10 Monate bis zur Hochzeit

- [ ] Erste Informationen über Hochzeitskleidung und Eheringe sammeln
- [ ] Auswahl der benötigten Dienstleister treffen
  Wen benötigen wir und wen nicht?
- [ ] Urlaub für die Hochzeitsreise einreichen
  Evtl. bekommen Sie (nach Tarif) von Ihrem Arbeitgeber einige Tage Sonderurlaub. Nachfragen lohnt sich!
- [ ] Evtl. Save-the-Date Karten versenden (siehe Seite 46)

9 Monate bis zur Hochzeit

- [ ] Genauere Budgetplanung
- [ ] Trauzeugen und evtl. Brautjungfern ernennen
- [ ] Hochzeitsreise planen und buchen (siehe Seite 126)

8 Monate bis zur Hochzeit

- [ ] Ideen für Einladungs-, Menü-, Tisch- und Danksagungskarten sammeln und Design-Auswahl treffen
- [ ] Termin mit Brautmodengeschäft vereinbaren (siehe Seite 54)
  Manche Brautkleider haben eine Lieferzeit von 6 Monaten!
- [ ] Vorauswahl Trausprüche (Link-Tipp: www.100checklisten.de/trauspruch)
- [ ] Termin mit Versicherungsberater wegen Änderungen vereinbaren
  Nehmen Sie Ihre Versicherungen genau unter die Lupe! In manchen Fällen ist auch der Ehepartner mitversichert und somit werden evtl. einige Versicherungen überflüssig – eine rechtzeitige Kündigung spart viel Geld!

7 Monate bis zur Hochzeit

- [ ] Erstes Gespräch mit dem Pfarrer/Priester/freien Redner vereinbaren (siehe Seite 77)
- [ ] Kirche bzw. andere Location für die Trauung buchen (siehe Seite 77)
- [ ] Spätestens jetzt Location für die Feier buchen (siehe Seite 88)
- [ ] Aufgaben verteilen und Helfer organisieren (siehe Seite 29)
- [ ] Probeessen vereinbaren und Catering buchen (siehe Seite 116)
- [ ] Demo-CDs der Musiker für die Trauung anfordern
- [ ] Demo-CDs der Musiker für die Feier anfordern
- [ ] Dokumente für die Anmeldung zur Eheschließung besorgen (siehe Seite 74)

6 Monate bis zur Hochzeit

- ☐ Gästeliste nochmals überprüfen und gegebenenfalls ändern
- ☐ Anmeldung zur Eheschließung beim Standesamt (siehe Seite 75)
- ☐ Gültigkeit des Reisepasses überprüfen und evtl. neu beantragen
- ☐ Musiker für die Trauung buchen (siehe Seite 80)
- ☐ Musiker/DJ und sonstiges Unterhaltungsprogramm für die Feier buchen (siehe Seite 106)
- ☐ Fotograf und/oder Videograf buchen (siehe Seite 110)
- ☐ Geschenkeliste oder Hochzeits-Tisch zusammenstellen (Link-Tipp www.vanlisten.de)
- ☐ Wichtige Personen (Zeremonienmeister, Blumenkinder, etc.) ernennen (siehe Seite 28)
- ☐ Einladungen gestalten und drucken lassen (oder basteln) und versenden (siehe Seite 47)
- ☐ Erste (grobe) Planung des Hochzeitstages

5 Monate bis zur Hochzeit

- ☐ Informationen über weitere Dienstleister einholen und Auswahl treffen; Termin zur Besprechung vereinbaren
- ☐ Budgetplanung überprüfen
- ☐ Auswahl und Kauf der restlichen Hochzeitskleidung/Unterwäsche/Accessoires für die Braut
- ☐ Evtl. Hotelzimmer für die Hochzeitsnacht buchen
- ☐ Evtl. benötigte Dekoartikel und andere Mietgegenstände buchen (siehe Seite 140)
- ☐ Evtl. ab sofort regelmäßig ins Fitnessstudio gehen

4 Monate bis zur Hochzeit

- ☐ Trauringe anprobieren und kaufen
- ☐ Hochzeitsanzug und evtl. Schuhe kaufen (siehe Seite 62)
- ☐ Hochzeitsauto buchen (siehe Seite 113)
- ☐ Blumendeko auswählen bzw. Florist beauftragen (siehe Seite 96)
- ☐ Evtl. Junggesellenabschied und/oder Polterabend planen oder von den Trauzeugen planen lassen (siehe Seite 22)
- ☐ Evtl. Termin beim Rechtsanwalt/Notar vereinbaren und Ehevertrag aufsetzen lassen
- ☐ Evtl. Wohnung kündigen und Umzug organisieren (Link-Tipp: www.umziehen.de)

3 Monate bis zur Hochzeit

- [ ] Genaueres Gespräch mit dem Pfarrer/Priester/freien Redner: Ablauf und Lieder der Trauung festlegen
- [ ] Musikauswahl für die wichtigen Höhepunkte
  Ein- und Auszug, Ringübergabe, Hochzeitstanz, Anschneiden der Hochzeitstorte etc.
- [ ] Tanzen üben bzw. Tanzkurs belegen
- [ ] Outfit für das Standesamt aussuchen
- [ ] Friseur und Make-up Artist buchen und Probetermin ausmachen (siehe Seite 58)
- [ ] Sektempfang und evtl. Fingerfood organisieren (siehe Seite 81)
- [ ] Hochzeitstorte bestellen (siehe Seite 118)
- [ ] Evtl. Technik, Musik- und Lichtanlage buchen (siehe Seite 109)
- [ ] Evtl. Hotelzimmer für die Gäste reservieren (siehe Seite 31)
- [ ] Evtl. Ringkissen und Hochzeitskerze kaufen
- [ ] Evtl. ab sofort regelmäßig ins Solarium gehen
- [ ] Evtl. Visum für die Hochzeitsreise beantragen

2 Monate bis zur Hochzeit

- [ ] Bei allen Gästen ohne Zu- oder Absage noch einmal nachfragen und endgültige Gästeliste erstellen
  Gästeanzahl auch der Location / dem Catering mitteilen!
- [ ] Menü/Buffet festlegen
- [ ] Exakte Budgetplanung
- [ ] Gekaufte Schuhe regelmäßig einlaufen
- [ ] Gastgeschenke besorgen
- [ ] Exakte Planung des Hochzeitstages
- [ ] Gästebuch kaufen
- [ ] Kirchenheft gestalten und drucken lassen (siehe Seite 50)
- [ ] Restaurantbesuch für die Feier nach dem Standesamt reservieren
- [ ] Evtl. Eheversprechen verfassen

1 Monat bis zur Hochzeit

- [ ] Menükarten und Tischkarten gestalten und drucken lassen (siehe Seite 51)
- [ ] Tisch- und Sitzplan erstellen (siehe Seite 30)
- [ ] Hochzeitskleidung anprobieren und gegebenenfalls ändern lassen
- [ ] Ringe gravieren lassen
- [ ] Vorbereitungen für die Hochzeitsreise treffen (siehe Seite 127)
- [ ] Polterabend und Junggesellen-/Junggesellinnenabschied feiern
- [ ] „Notfall-Box" für Hochzeitsgäste zusammenstellen (siehe Seite 32)
- [ ] Evtl. Übernachtungsmöglichkeit für die Nacht vor der Hochzeit organisieren
  Laut Brauch verbringt das zukünftige Ehepaar die Nacht vor der Hochzeit getrennt voneinander
- [ ] Evtl. Friseurtermin für den Bräutigam buchen (für ca. 1 Woche vor der Hochzeit)
- [ ] Evtl. Hochzeitsrede vorbereiten (siehe Seite 64)

1 Woche bis zur Hochzeit

- [ ] Exakten Ablauf noch einmal mit allen wichtigen Personen durchgehen (Trauzeugen, Brautjungfern, Zeremonienmeister, etc.)
- [ ] Genauen Ablaufplan an alle Dienstleister versenden und alle Termine noch einmal bestätigen lassen
  Am besten per E-Mail, das ist schneller und spart Porto
- [ ] „Notfall-Box" für das Brautpaar zusammenstellen (siehe Seite 66)
- [ ] Gästeliste noch einmal überprüfen
  Evtl. letzte Änderungen der Location/dem Catering mitteilen
- [ ] Für die Flitterwochen packen und Reiseunterlagen bereitlegen
- [ ] Das Anstecken der Trauringe üben
- [ ] Den Kuss üben (wie lange und wie oft wird geküsst?)
- [ ] Weg von der Kirche bis zur Location vorsichtshalber noch einmal abfahren
  Baustellen?
- [ ] Falls möglich, einen Tag zur Entspannung einplanen
- [ ] Evtl. Generalprobe in der Kirche
- [ ] Evtl. Wegweiser gestalten und ausdrucken (siehe Seite 52)

1-2 Tage bis zur Hochzeit

- [ ] Kleidung und Accessoires zurechtlegen (geschützt aufbewahren)
- [ ] Alles andere bereitstellen, was für die Trauung und den Hochzeitstag benötigt wird (siehe Seite 79 und Seite 67)
- [ ] Aufbau und Dekoration der Location überwachen (siehe Seite 122)
- [ ] Maniküre, Pediküre, Augenbrauen zupfen, Beine rasieren, etc.
- [ ] Durchatmen! ;-)

Alle wichtigen Checklisten für nach der Hochzeit (Hochzeitsreise, Namensänderung, etc.) finden Sie ab Seite 126.

Notizen

_____

_____

_____

_____

_____

_____

_____

_____

_____

_____

Tragen Sie einfach die geplanten und die tatsächlichen Kosten in die Tabellen ein. Als groben Anhaltspunkt haben wir eine ungefähre Preisspanne angegeben. Eine komplette Zusammenfassung aller Kosten finden Sie auf Seite 16.

Outfit der Braut	Preisspanne	Geplante Kosten	Tatsächliche Kosten
Brautkleid (inkl. Änderungen/Unterrock)	300€ – 2.000€		
Unterwäsche	30€ – 150€		
Schleier	30€ – 200€		
Accessoires (Kopfschmuck, Tasche, etc.)	50€ – 300€		
Schuhe	50€ – 150€		
Brautfrisur und Make-up	80€ – 200€		
Brautstrauß	30€ – 120€		
Sonstiges:			
GESAMT:			

Outfit des Bräutigams	Preisspanne	Geplante Kosten	Tatsächliche Kosten
Hochzeitsanzug	200€ – 800€		
Hemd	20€ – 100€		
Schuhe	80€ – 150€		
Hochzeitsanstecker	10€ – 30€		
Accessoires (Plastron, Krawatte, etc.)	30€ – 200€		
Sonstiges:			
GESAMT:			

Budget-Planer

Polterabend	Preisspanne	Geplante Kosten	Tatsächliche Kosten
Snacks oder Buffet (pro Gast)	5€ – 30€		
Getränke (pro Gast)	5€ – 30€		
Musik/DJ + Technik	50€ – 500€		
Miete Location	0€ – 500€		
Dekoartikel	0€ – 200€		
Leihgebür für Zelte, Stühle, Tische etc.	0€ – 300€		
Evtl. Container für Scherben	50€ – 150€		
Sonstiges:			
GESAMT:			

Standesamt	Preisspanne	Geplante Kosten	Tatsächliche Kosten
Gebühren/Unterlagen für Standesamt	50€ – 130€		
Evtl. Outfit Braut (+ Brautstrauß)	100€ – 1.000€		
Evtl. Outfit Bräutigam	100€ – 600€		
Evtl. Musik bzw. Musiker	100€ – 300€		
Evtl. Blumendeko	30€ – 200€		
Sonstiges:			
GESAMT:			

Feier nach dem Standesamt	Preisspanne	Geplante Kosten	Tatsächliche Kosten
Sektempfang/Snacks (pro Gast)	3€ – 10€		
Essen (pro Gast)	10€ – 25€		
Getränke (pro Gast)	5€ – 15€		
Miete Location	0€ – 300€		
Evtl. Tischdeko	30€ – 200€		
Sonstiges:			
GESAMT:			

Budget-Planer

Kirchliche Trauung	Preisspanne	Geplante Kosten	Tatsächliche Kosten
Blumendekoration	100€ – 600€		
Spende für Kirche/Gebühr freier Redner	100€ – 1.000€		
Hochzeitsauto	200€ – 600€		
Antennenschleifen	30€ – 100€		
Kirchenheft	50€ – 100€		
Sektempfang/Snacks (pro Gast)	3€ – 10€		
Evtl. Musik (Sängerin, Gospelchor, etc.)	150€ – 500€		
Evtl. Ringkissen	10€ – 40€		
Evtl. Hochzeitskerze	20€ – 50€		
Sonstiges:			
GESAMT:			

Hochzeitsfeier	Preisspanne	Geplante Kosten	Tatsächliche Kosten
Menü oder Buffet (pro Gast)	15€ – 45€		
Getränke (pro Gast)	10€ – 25€		
Hochzeitstorte	50€ – 300€		
Musik/DJ + Technik	100€ – 1.000€		
Dekoration (Blumen, Kerzen, etc.)	150€ – 800€		
Miete Location	0€ – 1.000€		
Sonstige Unterhaltung z.B. Feuerwerk	0€ – 1.000€		
Evtl. Stühle, Tische, Hussen	0€ – 500€		
Evtl. Kinderbetreuung	50€ – 200€		
Evtl. Notfall-Box für Gäste	25€ – 50€		
Sonstiges:			
Sonstiges:			
GESAMT:			

Budget-Planer

Sonstiges	Preisspanne	Geplante Kosten	Tatsächliche Kosten
Verlobungsfeier	100€ – 500€		
Flitterwochen	1.000€ – 5.000€		
Eheringe	300€ – 2.000€		
Einladungskarten	20€ – 150€		
Tischkarten (pro Gast)	1€ – 3€		
Menükarten	10€ – 50€		
Fotograf	250€ – 1.000€		
Videograf	500€ – 1.000€		
Autoschmuck	100€ – 250€		
Gastgeschenke (pro Gast)	1€ – 5€		
Danksagungskarten	40€ – 150€		
Umschläge/Porto: Einladungs-/Dankeskarte	20€ – 100€		
Besondere Dankesgeschenke (Helfer)	50€ – 200€		
Evtl. Hochzeitshomepage	50€ – 200€		
Evtl. Tanzkurs	40€ – 150€		
Evtl. Wedding Planner	800€ – 1.500€		
Evtl. Hochzeitsversicherung	100€ – 400€		
Evtl. Kosten für Namensänderungen	50€ – 100€		
Sonstiges:			
Sonstiges:			
Sonstiges:			
Sonstiges:			
Sonstiges:			
Sonstiges:			
Sonstiges:			
GESAMT:			

Budget-Planer

GESAMTKOSTEN	Geplante Kosten	Tatsächliche Kosten
Outfit der Braut		
Outfit des Bräutigams		
Polterabend		
Standesamt		
Feier nach dem Standesamt		
Kirchliche Trauung		
Hochzeitsfeier		
Sonstiges		
GESAMT:		
+ 10% Puffer		
GESAMT MIT 10% PUFFER:		

 Sie können sich den Budget-Planer auch als Excel-Tabelle kostenlos herunterladen unter www.100checklisten.de/budgetplaner. Mit dieser Tabelle können Sie dann einfacher und schneller arbeiten.

✓ Fragen Sie evtl. bei Ihren Eltern nach, ob diese sich an den Kosten der Feier beteiligen möchten. Dann können Sie Ihr verfügbares Budget wesentlich besser einschätzen und genauer planen.

✓ Eine hohe Anzahl an Gästen verursacht hohe Kosten. Bevor Sie auf wichtige Dinge (wie z.B. Fotograf) verzichten, sollten Sie überlegen, ob Sie nicht lieber die Gästeliste etwas kürzen möchten.

✓ Überprüfen Sie regelmäßig Ihr Budget und bauen Sie vorsichtshalber einen Puffer von 10% ein.

✓ Kopieren Sie sich den Budgetplaner oder nutzen Sie die Excel-Tabelle, um unterschiedliche Budgetplanungen (von einfach bis luxuriös) zu erstellen. Fangen Sie am besten mit Ihren Grundwünschen an und bauen Sie diese dann je nach übrigem Budget weiter aus.

! Planen Sie die Geldgeschenke nicht zu sehr in Ihr Budget ein, damit Sie bei einer geringeren Geschenksumme trotzdem alle Rechnungen bezahlen können. Besonders wenn Sie eine günstige Hochzeit planen (und evtl. Essen von den Gästen mitgebracht wird), wirkt sich dies auch auf den Wert der Geschenke aus.

UNSER TIPP

€ Dienstleister sind auf dem Land oft günstiger als Dienstleister in der Stadt.

€ Fragen Sie immer nach, ob es einen Rabatt bei Vorkasse gibt. In manchen Fällen können 3-5% gespart werden. Jedoch sollten Sie dies nur bei Anbietern mit guten Referenzen machen.

€ Achtung bei verlockenden Rabatten auf Hochzeitsmessen: Oft sind die Preise bei der Messe überteuert und dann ist auch der Messerabatt keine wirkliche Einsparung. Informieren Sie sich vorab über die üblichen Preise, damit Sie die Angebote vor Ort auch richtig einschätzen können.

UNSER TIPP

Notizen

Sie haben sich dazu entschieden, den Rest Ihres Lebens gemeinsam zu verbringen? Herzlichen Glückwunsch!

Zwischen der Aufregung nach der Verlobung und dem Stress der Hochzeitsplanung geht gerne das wichtige Thema der Ehevorbereitung unter. Falls Sie keinen Ehevorbereitungskurs machen, sollten Sie jedoch gemeinsam ein paar Fragen für sich selbst beantworten, bevor Sie sich vor den Altar begeben. Immerhin treffen Sie hier eine Entscheidung, die Ihr ganzes Leben beeinflussen wird.

Checkliste für alles, was vor der Ehe besprochen werden sollte

☐ Warum wollen wir heiraten? Was bedeutet für uns die Ehe?

☐ Nahe und ferne Zukunftsträume (1 Jahr, 5 Jahre, 10 Jahre)

☐ Kinderwunsch und Erziehungsmethoden

☐ Zukünftiger Familienname

☐ Zukünftiger Wohnort

☐ Finanzen
Getrenntes oder gemeinsames Konto?
Wer kümmert sich um Finanzplanung und Steuer?
Etc.

☐ Ehevertrag: Ja oder Nein? (Link-Tipp: www.100checklisten.de/ehevertrag)
Ohne Ehevertrag gilt in Deutschland die Zugewinngemeinschaft als Güterstand

   ☐ Evtl. Termin mit Notar vereinbaren

☐ Glaube/Religion und die Auswirkungen im Alltag (z.B. auch bei der Kindererziehung)

☐ Rollenverteilung in der Ehe (klassisch oder modern)
Dieser Punkt ist besonders wichtig, wenn Sie noch nicht zusammen wohnen

☐ Was wird sich alles nach der Hochzeit für uns ändern?

Wichtige Fragen zur Hochzeit

- ☐ Wann möchten wir heiraten? Jahreszeit?
- ☐ Stil unserer Hochzeit (romantisch, modern, bürgerlich, luxuriös, Themenhochzeit, etc.)?
- ☐ Welches Budget steht uns zur Verfügung?
- ☐ Möchten wir eine kleine oder eine große Hochzeit? Gästeanzahl?
- ☐ Mit oder ohne kirchliche Trauung?
- ☐ Falls mit kirchlicher Trauung
  - ☐ Welche Konfession?
  - ☐ In der Kirche oder in einer anderen Location?
  - ☐ Pfarrer, Priester, freier Theologe oder freier Redner?
- ☐ Wo soll geheiratet werden? In der Nähe? Heimat der Braut oder des Bräutigams?
- ☐ Wie wird die Hochzeitsplanung aufgeteilt? Wem ist was wichtig mitzuentscheiden? Wer hat mehr Zeit für Organisatorisches und die Details?
- ☐ Wird ein Wedding Planner benötigt? (Falls ja, siehe Seite 25)

UNSER TIPP

- ✓ Bei der Terminauswahl sollten Sie engste Familie und Freunde, sowie Ferien und Feiertage berücksichtigen.
- € Außerhalb der Hochzeitssaison ist vieles günstiger (Location, Dienstleister, etc.).
- € Wenn die Hochzeit später anfängt, sparen Sie viele Kosten für Essen und Getränke.
- € Bei einem knappen Budget können Sie Standesamt und Hochzeitsfeier auf den gleichen Tag legen. Allerdings ist diese Variante auch wesentlich stressiger.
- € Haben Sie sehr wenig Geld, aber eine große Gästezahl? Kombinieren Sie Hochzeit und Polterabend (sogenannte Polterhochzeit) oder veranstalten Sie ein schönes Grillfest – das spart viel Geld.

Checkliste Verlobungsfeier

Falls Sie eine große Feier mit vielen Gästen planen, dann orientieren Sie sich besser an den Checklisten für die Planung der Hochzeitsfeier (ab Seite 84).

- [ ] Wo möchten wir feiern?
  - [ ] Zu Hause (z.B. Brunch, Abendessen, Grillparty, etc.)
  - [ ] Im Restaurant (z.B. Brunch, Mittag- oder Abendessen)
- [ ] Wen möchten wir einladen (nur Eltern/beide Familien/engste Freunde, etc.)?
- [ ] Termin festlegen und evtl. Restaurant reservieren
- [ ] Gästeliste erstellen und mündlich oder schriftlich einladen
  Falls Sie Ihre Gäste mit der Verlobung überraschen möchten, dann überlegen Sie sich am besten einen anderen Vorwand für das gemeinsame Treffen
- [ ] Essen und Getränke organisieren
- [ ] Deko kaufen bzw. ausleihen
- [ ] Evtl. Rede(n) planen
- [ ] Evtl. Verlobungsringe kaufen, falls Sie noch keine haben

Checkliste Junggesellen-/Junggesellinnenabschied

Nach alter Tradition wird der Junggesellen-/Junggesellinnenabschied vom Trauzeugen oder der Trauzeugin organisiert. Klären Sie deshalb unbedingt vorher ab, was Sie auf keinen Fall möchten!

- [ ] Machen Sie sich Gedanken, ob Sie diesen Tag/Abend mitbestimmen möchten oder ob Sie sich von Ihrem Trauzeugen/Ihrer Trauzeugin überraschen lassen möchten
- [ ] Legen Sie Termine fest und stimmen Sie diese mit den Trauzeugen ab
- [ ] Wen möchten Sie dabei haben? Geben Sie die Kontaktdaten der gewünschten Freunde an die Trauzeugen weiter, damit diese die anderen Personen informieren können

✓ Eine schöne Alternative für den traditionellen Junggesellen-/Junggesellinnenabschied ist z.B. ein Weinseminar, ein Thermalbadbesuch, ein Kurztrip in eine schöne Stadt, eine Kanutour, ein Musical-Besuch oder ein Tag in einem Freizeitpark. Wichtig ist vor allem, dass Ihnen dieser Tag gefällt und in guter Erinnerung bleibt!

✓ Sie sollten nicht mehr als 10 Personen zu Ihrem Junggesellen-/Junggesellinnenabschied einladen, da es sonst mit einem gemeinsamen Termin sehr schwierig wird und bei vielen Personen auch selten eine Gruppenstimmung entsteht.

@ Mit Hilfe von www.doodle.com können Sie übersichtlich und leicht einen Termin finden, an dem möglichst alle Teilnehmer Zeit haben.

@ Ausgefallene Erlebnisse für Junggesellen-/Junggesellinnenabschiede gibt es bei www.jochen-schweizer.de oder www.mydays.de

UNSER TIPP

Checkliste Polterabend

Der Polterabend ist meistens recht informell, sollte aber trotzdem je nach Wunsch ausreichend geplant sein. Wenn Sie den Polterabend etwas größer feiern wollen, dann orientieren Sie sich am besten zusätzlich an den Checklisten für die Planung der Hochzeitsfeier (ab Seite 84).

- [ ] Termin und Location festlegen
- [ ] Mündliche Einladung aussprechen an:
  - [ ] Freunde
  - [ ] Verwandtschaft
  - [ ] Kollegen
  - [ ] Nachbarn
  - [ ] Vereinsmitglieder
- [ ] Essen und Getränke organisieren
  - [ ] Selbst kochen und organisieren
  - [ ] Partyservice buchen (siehe Seite 116)
  - [ ] Gäste das Essen mitbringen lassen
    Achtung: Fragen Sie Ihre Freunde, wer was mitbringt, damit auch wirklich genug Essen vorhanden ist
- [ ] Geschirr/Besteck leihen bzw. Einwegteller, - besteck und -becher besorgen
- [ ] Freunde als Helfer organisieren
- [ ] Deko kaufen bzw. ausleihen

Feiern vor der Hochzeit

- ☐ Musik planen und evtl. Technik organisieren (siehe Seite 106)
- ☐ Kehrschaufel und Besen besorgen
- ☐ Nachbarn Bescheid geben
- ☐ Evtl. öffentliche Genehmigung einholen
- ☐ Evtl. Tische und Stühle/Bänke ausleihen
- ☐ Evtl. Tisch für Geschenke aufstellen
- ☐ Evtl. Container mieten

UNSER TIPP

✓ Beachten Sie, dass laut dem Brauch auf keinen Fall Glas zerschlagen werden darf – das bringt Unglück!

✓ Achten Sie auf genügend Platz zum Poltern – der Garten könnte ungeeignet sein, wenn keine feste Fläche vorhanden ist.

! Beauftragen Sie jemanden, die Geschenke (vor allem Geldgeschenke!) wegzuräumen. Da Polterabende meist „offen" sind, kann es auch vorkommen, dass Unbekannte oder „Freunde" etwas stehlen.

! Bei Einladungen über facebook darauf achten, dass es nicht öffentlich, sondern nur Ihren Freunden angezeigt wird.

! Den Polterabend niemals einen Tag vor der Hochzeit organisieren! Ein Kater am Hochzeitstag würde Ihnen sicherlich nicht so gut bekommen.

€ Kaufen Sie die Getränke am besten auf Kommission – dann ist von allem genügend da und man kann alle unangebrochenen Kästen oder evtl. sogar Flaschen wieder zurückgeben.

€ Spirituosen können Sie für den Polterabend über das Jahr verteilt kaufen, z.B. immer dann, wenn es gute Angebote gibt. Das kann viel Geld einsparen.

Notizen

Wedding Planner

Fragen an den Wedding Planner

- [ ] Sind Ihre Kosten fix oder anteilig?
- [ ] Sind Reisekosten inklusive?
- [ ] Wie viel Erfahrung haben Sie?
- [ ] Wie funktioniert die Abstimmung?
  E-Mail, Telefon, etc.?
- [ ] Wie viele Treffen sind nötig?
- [ ] Haben Sie mehrere Dienstleister zur Auswahl oder arbeiten Sie nur mit bestimmten Partnern zusammen?
- [ ] Haben Sie Sonderkonditionen bei Dienstleistern, von denen wir profitieren können?
- [ ] Wie wählen Sie Dienstleister aus?
  Wie viel Mitsprache haben wir dabei?
- [ ] Werden Sie an der Hochzeit selbst anwesend sein?

  Falls ja:

  - [ ] Wie werden Sie gekleidet sein?
  - [ ] Werden Sie bei der Feier mitessen?
  - [ ] Kümmern Sie sich auch um die Koordination und Moderation?
  - [ ] Wer ist Ihre Vertretung, falls Sie krank werden?
- [ ] Organisieren Sie noch andere Hochzeiten an dem Tag?
- [ ] Welche Aufgaben werden von Ihnen übernommen und welche nicht?

☐ Können auch nur Teile der Hochzeitsplanung übernommen werden?	
☐ Müssen wir eine Anzahlung leisten? Falls ja, wann wird der Restbetrag fällig?	
☐ Gibt es Referenzen, bei denen wir uns über Sie erkundigen können?	

To Do Wedding Planner

☐ Potenzielle Wedding Planner interviewen

☐ Schriftliches Angebot mit allen Kosten und Leistungen einholen

☐ Wedding Planner aussuchen und buchen

☐ Regelmäßige Termine vereinbaren

☐ Genaue Wünsche und Details abklären und schriftlich festhalten

✓ Die Chemie mit dem Wedding Planner sollte zu 100% stimmen, sonst kann der Wedding Planner selbst ein weiterer Stressfaktor sein.

✓ Wedding Planner können sehr hilfreich bei schwierigen Familienverhältnissen sein (z.B. wenn sich Ihre Eltern zu stark einmischen möchten), da so ein „externer Sündenbock" vorhanden ist. Das sollte aber vorher mit dem Wedding Planner besprochen werden.

€ Gute Wedding Planner können durch Verhandlungsgeschick und Kooperationen hohe Rabatte bei den Dienstleistern rausholen. Besonders bei Hochzeiten, die weit entfernt vom eigenen Wohnort stattfinden, ist ein Wedding Planner empfehlenswert.

UNSER TIPP

Notizen

_____

_____

_____

_____

_____

_____

Wichtige Personen   Wer?

Wichtige Personen	Wer?
☐ Trauzeugin und Trauzeuge	
☐ Brautjungfern	
☐ Zeremonienmeister	
☐ Blumenkinder	
☐ Brautführer *Traditionellerweise der Brautvater*	
☐ Evtl. Ringträger	
☐ Evtl. Chauffeur für das Brautpaar	

UNSER TIPP

✓ Falls Sie spezielle Kleidungswünsche für den Trauzeugen oder die Trauzeugin haben, sollten Sie dies rechtzeitig mitteilen.

✓ Möchten Sie auch einheitliche Brautjungfernkleider? Dann wäre es nett, wenn Sie sich bei den Kleidern an den Kosten beteiligen würden.

✓ Am besten Sie üben mit den Blumenkindern und bereiten diese auf den großen Auftritt vor, damit nicht alles auf einmal oder zu sparsam gestreut wird.

✓ Der Zeremonienmeister sollte ein Organisationstalent, psychisch belastbar und vor allem zuverlässig sein. Meist wird er von der Hochzeit weniger mitbekommen. Deshalb unser Tipp: Beauftragen Sie einen Moderator (Zeremonienmeister) und einen separaten Organisator, der sich dann um Organisatorisches kümmern kann.

✓ Andere um Hilfe für die Hochzeit und die Vorbereitungen zu bitten ist nicht nur eine gute Möglichkeit, um Aufgaben abzugeben, sondern auch ein Zeichen des Vertrauens. In den meisten Fällen fühlt sich die gefragte Person geehrt, Teil der Hochzeit sein zu dürfen.

! Sehr wichtige Aufgaben sollten Sie nur an Personen abgeben, die auch wirklich zuverlässig sind.

Aufgaben, die abgegeben werden können   An wen?

☐ Organisation von Mitfahrgelegenheiten

☐ Abholung von anreisenden Gästen am Flughafen oder Bahnhof

☐ Aufbau für Kirche und Location
Mix zwischen starken Männern und dekobewussten Frauen

☐ Abbau für Kirche und Location

☐ Basteln der Tischkarten

☐ Basteln der Antennenschleifen

☐ Verteilung der Antennenschleifen

☐ Verteilung der Kirchenhefte

☐ Üben mit den Blumenkindern

☐ Nähen der Kleider für die Blumenkinder

☐ Geschenketischbetreuung
Mitnahme der Geschenke von der Kirche zum Fest oder nach Hause

☐ Organisation der Gästebucheinträge

☐ Demo-CDs der Musiker und Angebote anfordern

☐ Vorbereiten der Notfall-Box für Gäste (siehe S. 32)

☐ Kuchen und Nachtische mitbringen
Fingerfood bitte auf Seite 81 eintragen

Weitere Helfer (Diese Helfer sollten nicht auf der Gästeliste stehen)

☐ Küche und Bedienung
Anordnung von Essen, Abwasch, Servierung von Essen etc.

☐ Sektempfang
Vorbereitung sollte während der Trauung erfolgen

☐ Kinderbetreuung

☐ Fahrservice am späten Abend

☐ Haussitter am Hochzeitstag
Vorsicht vor Einbrechern, denn viele wissen, dass Sie auf keinen Fall zu Hause sind

Checkliste Tischplanung

☐ Was ist die beste Anordnung der Tische in Bezug auf die Gästeanzahl und Location?
(Tafel, U-Form, Einzeltische etc.)

☐ Ist noch genug Platz für Tanz und Hochzeitsspiele?

☐ Wo ist Platz für den DJ bzw. die Band?

☐ Wo ist Platz für das Buffet?

☐ Wo ist Platz für den Geschenketisch?

☐ Ist ein Sitzplan notwendig (bei großen Feiern)? Falls ja:

    ☐ Wer sitzt traditionellerweise neben wem?
    Link-Tipp: www.100checklisten.de/sitzordnung

    ☐ Wer passt neben wen (Interessen/Charakter)?

    ☐ Wer sollte lieber nicht nebeneinander sitzen?

    ☐ Sitzplan erstellen z.B. mit ausgeschnittenen Kreisen (Tische) und Quadraten (Gäste)

UNSER TIPP

! Ältere Personen und Gäste mit kleinen Kindern nicht zu nah an der Live-Band oder den Boxen platzieren.

✓ Eltern mit Kleinkindern am besten am Saalrand platzieren, damit diese schnell den Raum verlassen können, falls ein Baby unruhig wird.

✓ Achten Sie darauf, dass die Tanzfläche nicht zu groß ist. Auf kleineren Tanzflächen entsteht schneller Stimmung, da die Personen sich nicht so verloren und beobachtet vorkommen. Nutzen Sie den Platz lieber für die Tische, damit jeder Gast bequem aufstehen und sich im Raum angenehm bewegen kann.

@ Eine übersichtliche Sitzplanerstellung finden Sie über www.100checklisten.de/tischplan (leider nur auf englisch, dafür aber kostenlos und gut).

Gästeplanung

Falls viele Gäste eine weite Anreise haben, ist es empfehlenswert, dass Sie sich um die Hotelbuchungen kümmern. So können alle Gäste im gleichen Hotel unterkommen.

Fragen an das Hotel der Gäste

- ☐ Wie viele Zimmer sind an dem Termin (Hochzeitstag) noch frei?
- ☐ Was kostet ein Zimmer?
- ☐ Ist das Frühstück inklusive?
- ☐ Welche sonstigen Leistungen sind im Preis enthalten?
- ☐ Bieten Sie Sonderkonditionen, wenn mehrere Gäste ein Zimmer buchen?
- ☐ Wie viele Zimmer können wie lange kostenlos reserviert werden?
- ☐ Können die Zimmer gegen Gebühr länger frei-gehalten werden?
  Wenn ja, wie hoch ist die Gebühr?
- ☐ Wie sind die Check-Out und Check-In Zeiten?
- ☐ Ist die Rezeption 24h besetzt?
- ☐ Wie gut ist die öffentliche Verkehrsanbindung?
- ☐ Können Sie uns ein Zimmer zeigen?

UNSER TIPP

✓ Wenn Sie die Kosten für die Übernachtung der Gäste übernehmen, können Sie auch nach einer Location suchen, bei der die Zimmer zur Location gehören z.B. ein Schloss oder ein Hotel mit schönen Räumlichkeiten zum Feiern.

! Um Missverständnisse zu vermeiden, sollten Sie Ihren Gästen deutlich mitteilen, ob die Kosten für die Übernachtung vom Brautpaar übernommen werden oder nicht.

€ Schauen Sie nach möglichen Hotels bei Internetplattformen wie hotel.de nach. Verhandeln Sie nur auf Basis der Online-Preise, die Raten die im Hotel genannt werden sind oft mehr als doppelt so hoch.

@ Sie möchten für Ihre Gäste eine günstige Variante zu den Hotelzimmern anbieten? Dann können wir Ihnen www.airbnb.de empfehlen (private Unterkünfte).

Notfall-Box für die Gäste

Hier finden Sie eine Auswahl an Dingen, die Sie in der Notfall-Box für die Hochzeit unterbringen können. Es ist ratsam, für Männer und Frauen eine eigene Box (z.B. in der Toilette) aufzustellen – Ihre Gäste werden Ihnen für diese Geste sehr dankbar sein!

Speziell für Frauen

☐ Frauendeo (geruchsneutral)

☐ Haarbürste

☐ Haarspray

☐ Haarschaum

☐ Kleine Haarklammern/-klemmen

☐ Nagelfeile

☐ Nagelschere

☐ Abdeckstift

☐ Damenbinden und Tampons

☐ Kleines Nähset (Sicherheitsnadeln etc.)

☐ Durchsichtiger Nagellack
Falls die Strumpfhose ein Loch bekommt

☐ Handcreme

Speziell für Männer

☐ Männerdeo (geruchsneutral)

☐ Kamm

☐ Haargel

Für Frauen und Männer

Diese Produkte sollten Sie am besten in zweifacher Ausführung kaufen.

☐ Blasenpflaster

☐ Normale Pflaster

☐ Einwegzahnbürsten inkl. Zahnpasta
Fragen Sie bei Ihrem Zahnarzt nach

☐ Zahnstocher oder Zahnseide

☐ Mundspray

☐ Kaugummis oder Minzbonbons

☐ Kopfschmerztabletten

☐ Tabletten gegen Durchfall

☐ Anti-Flecken-Stifte

☐ Taschentücher

☐ Erfrischungstücher

☐ Evtl. Sonnencreme

☐ Evtl. Anti-Mücken-Spray

☐ Evtl. Raumspray (für die Toilette)

Speziell für Babys

Falls auf Ihrer Hochzeit Säuglinge und Kleinkinder zu Gast sind, dann wäre es praktisch, diese Notfall-Box für Babys auf der Damentoilette aufzustellen.

☐ Windeln (verschiedene Größen)

☐ Babylätzchen

☐ Neuer Schnuller
Bitte vorher mit heißem Wasser auskochen

☐ Feuchttücher

☐ Babycreme z.B. Nivea

☐ Gläschen mit Babybrei

☐ Kleines Spielzeug z.B. Rassel

☐ Evtl. Wickelunterlage
Falls kein Wickeltisch vorhanden ist

Hier können Sie noch weitere Produkte aufschreiben:

☐ _____

☐ _____

☐ _____

☐ _____

☐ _____

☐ _____

☐ _____

☐ _____

☐ _____

☐ _____

☐ _____

UNSER TIPP

✓ Falls Sie die Notfall-Box nicht außer Reichweite von Kindern aufstellen können, dann sollten Sie die Medikamente einer Person geben und bei der Notfall-Box einen Hinweis notieren, an wen man sich wenden kann.

✓ Diese Liste können Sie auch als Einkaufsliste verwenden. Geben Sie einfach eine Kopie an Ihre Helfer weiter.

€ Kaufen Sie lieber kleine Reiseprodukte. Diese sind meist viel günstiger als die regulären Größen.

Gästeliste Hochzeitsfeier

Personenzahl		Name bzw. Familie	Adresse
Erw.	Kinder		
Erw.	Kinder		

Fragen, die Sie sich vor Erstellung der Gästeliste stellen sollten

☐ Was ist das Gästelimit der Location?

☐ Wie viele Gäste lässt unser Budget ungefähr zu?

☐ Darf jeder Gast seinen Partner mitbringen, auch wenn man diesen noch nicht kennt?

☐ Werden Kinder mit eingeladen?

Die folgende Gästeliste bezieht sich auf die Gäste für die Trauung und die Feier. Gäste, die Sie nur zur Trauung einladen möchten, können Sie auf Seite 42 eintragen.

Zusage ja	nein	Besondere Angaben Essen (Vegetarier, Diabetiker, etc.)	Geschenk	Dankes-karte

Gästeliste Hochzeitsfeier

Personenzahl Erw.	Kinder	Name bzw. Familie	Adresse
Erw.	Kinder		

Gästeliste Hochzeitsfeier

Zusage ja	nein	Besondere Angaben Essen (Vegetarier, Diabetiker, etc.)	Geschenk	Dankes-karte

Gästeliste Hochzeitsfeier

Personenzahl		Name bzw. Familie	Adresse
Erw.	Kinder		
Erw.	Kinder		

Gästeliste Hochzeitsfeier

Zusage ja	nein	Besondere Angaben Essen (Vegetarier, Diabetiker, etc.)	Geschenk	Dankes-karte

Gästeliste Hochzeitsfeier

Personenzahl		Name bzw. Familie	Adresse
Erw.	Kinder		
Erw.	Kinder		

 Am besten laden Sie sich die Gästeliste als Excel-Tabelle kostenlos herunter unter www.100checklisten.de/gaesteliste
Damit können Sie dann noch einfacher und schneller arbeiten.

Gästeliste Hochzeitsfeier

Zusage ja	nein	Besondere Angaben Essen (Vegetarier, Diabetiker, etc.)	Geschenk	Dankes-karte

✓ Haben es nicht alle auf die endgültige Gästeliste geschafft? Laden Sie doch diese Gäste erst für später (nach dem Essen) zum Feiern und Tanzen ein (Fragen Sie aber vorher um Erlaubnis der Location!).

! Vergessen Sie nicht die Dienstleister zu notieren, die den kompletten Tag mit Ihnen verbringen werden (Video- und Fotograf, Wedding Planner, etc.)

€ Laden Sie am besten auch Gäste ein, die Ihnen viel Geld einsparen können, z.B. Hobbyfotograf, Dekofanatikerin, HobbyDJ oder jemand mit einem schönen Auto, das als Hochzeitsauto dienen könnte. Fragen Sie am besten vor der Einladung nach, ob die Person bereit ist, Ihnen günstig oder kostenlos zu helfen.

UNSER TIPP

Gästeliste nur Trauung

Name bzw. Familie	Adresse	Geschenk	Dankes-karte

Gästeliste nur Trauung

Name bzw. Familie	Adresse	Geschenk	Dankes-karte

Gästeliste nur Trauung

Name bzw. Familie	Adresse	Geschenk	Dankes-karte

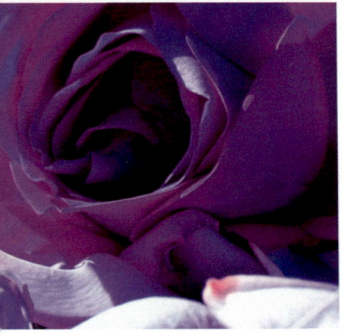  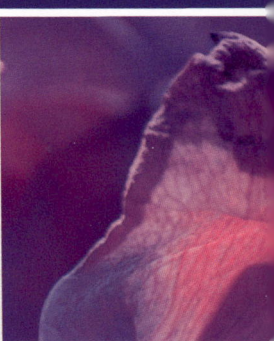

Sollte bisher nur der Termin für die Hochzeit feststehen, aber noch nicht alle anderen Infos für die Einladungskarten vorhanden sein (z.B. Location, Uhrzeit, etc.), dann können Sie Ihren Gästen zumindest schon den Termin durch eine Save-the-Date Karte mitteilen. So können sich Ihre Gäste den Termin für Ihr Hochzeitsfest freihalten.

To Do Save-the-Date

- [ ] Ideen sammeln
- [ ] Texte festlegen *(Inhalt siehe nachfolgende Checkliste)*
- [ ] Termine noch einmal bestätigen lassen von:
    - [ ] Evtl. Standesamt *(Terminfestlegung max. 6 Monate im Voraus möglich)*
    - [ ] Kirche oder andere Location für die Trauung
    - [ ] Location für das Hochzeitsfest
- [ ] Karten erstellen/bestellen. Dazu gibt es folgende Auswahl:
    - [ ] Karten kaufen
    - [ ] Karten entwerfen lassen (Designer)
    - [ ] Karten selbst entwerfen (Layoutprogramm oder bei einer Online-Druckerei)
    - [ ] Karten selbst basteln
- [ ] Adressen herausfinden und Karten versenden

Inhalte und Angaben für die Save-the-Date Karten

- [ ] Überschrift: Save-the-Date
- [ ] Datum
- [ ] Beide Namen (Vor- und Nachname)
- [ ] Evtl. Bild
- [ ] Evtl. Hinweis, dass weitere Angaben in Kürze folgen werden

Save-the-Date und Einladungskarten

✓ Die Save-the-Date Karten sind besonders dann wichtig, wenn das Hochzeitsfest in der Ferienzeit stattfinden wird.

✓ Toll sieht es natürlich aus, wenn schon die Save-the-Date Karten in der gleichen Gestaltung wie die restlichen Drucksachen angefertigt werden.

✓ Eine ausgefallene Idee: Lassen Sie Kühlschrank-Magnete bedrucken und verwenden Sie diese als Save-the-Date Erinnerung. So wird Ihr Hochzeitsdatum garantiert nicht vergessen.

€ Sie können auch online Postkarten gestalten und diese dann als Save-the-Date Karten versenden. So sparen Sie beim Porto und benötigen keine Briefumschläge. Wenn es besonders günstig sein soll, können Sie auch eine E-Mail mit einem schönen Bild von Ihnen (und den wichtigsten Angaben) versenden.

€ Falls bei der Verlobung der Termin für die Trauung schon feststeht, dann kann die Bekanntmachung der Verlobung auch zusammen mit den Save-the-Date Karten gemacht werden. Das spart Mühe und vor allem Kosten.

To Do Einladungskarten

☐ Ideen sammeln

☐ Texte festlegen *(Inhalt siehe nachfolgende Checkliste)*

☐ Termine noch einmal bestätigen lassen von:

    ☐ Standesamt

    ☐ Kirche (oder andere Location für die Trauung)

    ☐ Location für das Hochzeitsfest

☐ Karten erstellen/bestellen. Dazu gibt es folgende Auswahl:

    ☐ Karten kaufen

    ☐ Karten entwerfen lassen (Designer)

    ☐ Karten selbst entwerfen (Layoutprogramm oder bei einer Online-Druckerei)

    ☐ Karten selbst basteln

☐ evtl. Rücksendeumschlag kaufen (für Antwortkarte)

☐ Adressen herausfinden und Karten versenden

Inhalte und Angaben für die Einladungskarten

☐ Überschrift (z.B. „Wir werden heiraten")

☐ Beide Namen (Vor- und Nachname)

☐ Datum, Uhrzeit und Ort/Adresse der standesamtlichen Trauung

☐ Datum, Uhrzeit und Ort/Adresse der kirchlichen Trauung

☐ Name und Ort/Adresse der Location für die Feier

☐ Datum, bis wann zu- oder abgesagt werden soll

☐ Kontaktdaten (Telefonnummern und E-Mail Adressen)

☐ Evtl. Angabe, ob mit oder ohne Partner eingeladen wird

☐ Evtl. Hinweis auf Hochzeitstisch oder Geldgeschenkwunsch

☐ Evtl. Name und Kontaktdaten des Zeremonienmeisters (Programmpunkte)

☐ Evtl. Wegbeschreibung mit Parkmöglichkeiten
(und Notfallnummer für beim Auto-Korso verloren gegangene Personen)

☐ Evtl. Dresscode und weitere wichtige Infos zur Kleidung
z.B. Motto-Hochzeit oder Heiraten im Freien bzw. in einem Zelt

☐ Evtl. Tagesplan

☐ Evtl. Hotelauswahl

☐ Evtl. Telefonnummer der örtlichen Taxizentrale

☐ Evtl. Rückantwortkarte mit folgenden Inhalten zum Ausfüllen:

  ☐ Name

  ☐ Zu- oder Absage
  Am besten zum Ankreuzen

  ☐ Personenanzahl, evtl. Kinderanzahl

  ☐ Mitfahrgelegenheit kann angeboten
  werden oder wird gewünscht

  ☐ Hotelzimmer wird benötigt oder nicht

  ☐ Einschränkung beim Essen
  z.B. Allergie, Vegetarier, Diabetiker, etc.

  ☐ Lieblingssong
  *Diese Angabe können Sie sehr gut für die Auswahl
  der Musik bei der Hochzeitsfeier verwenden*

Save-the-Date und Einladungskarten

✓ Eine individuelle Wegbeschreibung für die älteren Gäste macht die An-fahrt ohne Navigationssystem sehr viel einfacher (z.B. von Google Maps).

✓ Haben Sie keine Hemmungen, den Hochzeitstisch oder Ihren Wunsch nach Geldgeschenken zu äußern! Es ist nun mal üblich, dass man dem Brautpaar ein Geschenk macht. Ihre Gäste werden Ihnen sogar sehr dankbar für konkrete Vorschläge sein.

✓ Selbstgebastelte Karten sind sehr schön, aber viel aufwändiger und meist auch teurer als gedruckte Karten. Guter Kompromiss: Karten kaufen und Innenteil von Hand schreiben.

✓ Die Liebe zum Detail: Kaufen Sie besondere Briefmarken (z.B. mit Rosenmotiv) oder lassen Sie Briefmarken mit Ihrem individuellen Bild bei der Post drucken (www.100checklisten.de/eigene-briefmarken).

✓ Einladungen zur Hochzeit sollten Sie immer persönlich übergeben oder mit der Post versenden. Einzige Ausnahme: Bei Einladungen nur für die Trauung können Sie auch per E-Mail oder facebook einladen.

❗ Erwähnen Sie alle eingeladenen Personen einzeln mit Namen auf der Einladungs-karte, damit keine Missverständnisse entstehen. So weiß man sofort, ob z.B. Kinder oder Partner mitgebracht werden dürfen und die Einladung wirkt zudem persönlicher.

❗ Bestellen Sie lieber ein paar Karten zusätzlich, falls Sie bei der Personalisierung einen Fehler machen oder bei vielen Absagen neue Gäste einladen möchten.

€ Fordern Sie Ihre Gäste in der Einladung dazu auf, sich am abendlichen Programm zu beteiligen. So wird Ihr Fest persönlicher und Sie sparen sich die Kosten für das teure Unterhaltungsprogramm.

€ Bedenken Sie bei der Wahl des Kartenformates die weiteren Kosten für die Brief-umschläge und das Porto. Standardformate (wie z.B. DIN-lang oder Postkarten-format) sind am günstigsten.

€ Damit die Portokosten nicht zu hoch werden, sollten Sie darauf achten, dass der Briefumschlag mit der Karte nicht mehr als 20 g wiegt.

Notizen

UNSER TIPP

Inhalte und Angaben für das Kirchenheft

- ☐ Cover:
    - ☐ Bild und Namen des Brautpaares
    - ☐ Evtl. Ortsangabe, Datum
- ☐ Innenteil:
    - ☐ Programmablauf
    - ☐ Liedtexte und evtl. Noten *(Urheberangaben nicht vergessen!)*
    - ☐ Texte der Fürbitten und Gebete
    - ☐ Trauspruch
- ☐ Rückseite *(falls noch Platz)*:
    - ☐ Evtl. Einladung zum Sektempfang vor der Kirche
    - ☐ Evtl. Angabe, wo die Antennenschleifen vergeben werden
    - ☐ Evtl. Zeitangabe für die gemeinsame Abfahrt zur Feier

---

UNSER TIPP

✓ Für Freudentränen wäre es schön, wenn Sie zu jedem Kirchenheft ein Taschentuch dazulegen.

@ Es gibt auch gute und kostenlose Kirchenheft-Layoutsoftware, mit der Sie das Kirchenheft schnell und einfach gestalten und dann direkt in die Druckerei schicken oder selbst zu Hause ausdrucken können (weitere Infos unter www.100checklisten.de/kirchenheft).

€ Bei einer geringen Anzahl von Kirchenheften können Sie diese auch zu Hause ausdrucken. Bei einer größeren Anzahl (ab ca. 50 Stück) oder bei farbigen Ausdrucken sind die Druckereien meist günstiger und Sie erhalten eine höherwertige Qualität.

€ Eine günstige und schlichte Kirchenheft-Variante ist ein einfach bedrucktes DIN A4 Blatt. Wenn Sie das Kirchenheft zusammenrollen und mit einer schönen Schleife verzieren, sieht es trotzdem festlich aus.

To Do Tischkarten

☐ Jeden Namen einzeln auf die Tischkarte schreiben bzw. drucken lassen
Bei mehreren Personen mit dem gleichen Vornamen sollten Sie den Anfangsbuchstaben des Nachnamens nicht vergessen, damit keine Missverständnisse entstehen

☐ Blanko Karten erstellen bzw. drucken lassen (für unvorhergesehene Änderungen)

UNSER TIPP

✔ Bei vielen Gästen sollten Sie zur besseren Orientierung zusätzlich am Eingang einen Sitzplan aufstellen.

✔ Falls Sie sich für klassische Tischkarten entscheiden, dann schreiben Sie doch einfach den Namen auf beide Seiten – so kann auch der Tischpartner gegenüber den Namen sehen.

@ Tolle Ideen für kreative Tischkarten finden Sie unter www.hochzeitsportal24.de/tischkarten-hochzeit

€ Wenn Sie besondere Tischkarten haben, können diese auch gleichzeitig als Gastgeschenk dienen (z.B. kleine Bilderrahmen mit dem Namen als Bild) – das spart Geld.

€ Sie können die Namen auch auf große Blätter (z.B. Aralienblätter), flache Steine oder Früchte schreiben.

To Do Menükarten

☐ Beim Catering die genauen Angaben anfordern für Vorspeise, Hauptgang und Nachspeise

☐ Evtl. Auswahl der Getränke angeben (besonders für alkoholische Getränke)

☐ Evtl. Zeitpunkt vom Anschneiden der Hochzeitstorte angeben

☐ Evtl. Angaben über Mitternachtssnack machen

☐ Menükarten gestalten und mindestens für jeden Tisch eine Menükarte ausdrucken

To Do Wegweiser

☐ Genau auflisten, wo wie viele Wegweiser benötigt werden (Kirche/Location) und mit welcher Pfeilrichtung

☐ Inhalt: Name des Brautpaares (evtl. mit Bild) und Pfeil (evtl. mit Entfernungsangaben)

☐ Wegweiser ausdrucken (mindestens DIN A4 oder größer)

☐ Evtl. Wegweiser laminieren oder auf Kartons kleben

☐ Befestigungsmaterial besorgen (z.B. Kabelbinder)

To Do Dankeskarten

☐ Karte gestalten und drucken lassen:

　　☐ Vorderseite mit Überschrift (z.B. „Wir sagen Danke"), Hochzeitsdatum und Bild

　　☐ Rückseite mit Dankestext und Namen

☐ Dankeskarten versenden an:

　　☐ Hochzeitsgäste

　　☐ Dienstleister (z.B. Fotograf, Florist, etc.)

　　☐ Sonstige Gratulanten (z.B. Nachbarn, Vereinsmitglieder, Geschäftskollegen, etc.)

✓ So bleibt Ihre Hochzeit garantiert in schöner Erinnerung: Drucken Sie von jedem Gast die schönsten Bilder von der Hochzeit aus und legen Sie diese zur Dankeskarte mit dazu. Bei vielen Bildern können Sie alternativ auch gleich die ganze Foto-DVD mitgeben.

✓ Besorgen Sie sich für die besonders guten Helfer ein zusätzliches Geschenk als kleines Dankeschön – damit zeigen Sie Ihre Wertschätzung für die Hilfe. Auch bei Personen, von denen Sie ein Geschenk mit sehr hohem Wert erhalten haben, sollten Sie sich entsprechend bedanken.

✓ Machen Sie sich während des Auspackens der Geschenke gleich eine Liste, wer Ihnen was geschenkt hat, dann haben Sie es später leichter bei den Dankeskarten und wissen genau, wem Sie für was danken können. Dazu können Sie die Gästeliste auf Seite 34 verwenden.

✓ Lassen Sie sich nicht zu viel Zeit mit den Dankeskarten. Je länger Sie es heraus zögern, desto weniger Motivation werden Sie haben, die Karten zu verschicken. Und Sie möchten ja nicht, dass sich die Gäste durch eine lange Wartezeit unwichtig fühlen.

UNSER TIPP

Fragen an das Brautmodengeschäft

Vor der Terminvereinbarung

- ☐ Wie ist Ihre Preisspanne bei den Brautkleidern?
- ☐ Sind Änderungen im Preis enthalten?
  Falls ja, wie viele?
- ☐ Gibt es eine Obergrenze, wie viele Kleider ich anprobieren kann?
- ☐ Wie lang ist die Lieferzeit der Brautkleider?
- ☐ Benötige ich einen Termin zur Anprobe?
  Falls ja, wann kann ich vorbeikommen?
- ☐ Kann ich zur Anprobe auch jemanden mitbringen?
- ☐ Muss ich spezielle Schuhe/Unterwäsche anziehen?

Im Brautmodengeschäft

- ☐ Welchen Stil empfehlen Sie für meine Figur?
- ☐ Warum empfehlen Sie diesen Stil?
- ☐ Welchen Stoff empfehlen Sie und warum?
- ☐ Gibt es bestimmte Kleider in verschiedenen Stoffvarianten (günstig/teuer)?
- ☐ Gibt es diese Kleider auch in anderen Farben?
- ☐ Was ist im Preis inklusive?
  Wie viele Änderungen? Ist der Unterrock inkl.? Etc.
- ☐ Kann der Stoff von dem gekürzten Kleid mitgenommen werden? *Sie können z.B. eine Brauttasche daraus nähen*

Brautkleid

- [ ] Wann muss das Kleid bezahlt werden?
- [ ] Bis wann kann die Bestellung storniert werden?
- [ ] Wann kann ich zur endgültigen Anprobe vorbeikommen? (Ca. 2-3 Wochen vor der Hochzeit)
- [ ] Wann kann das fertig geschneiderte Brautkleid abgeholt werden?
- [ ] Ist das Brautkleid versichert gegen Diebstahl, Brand, Hochwasser, Insolvenz?
- [ ] Wie bekomme ich am besten einen Fleck heraus?
- [ ] Welche Accessoires werden bei Ihnen angeboten?
- [ ] Können Sie noch andere Geschäfte für Schuhe, Accessoires, etc. empfehlen?
- [ ] Passt eher ein kurzer oder ein langer Schleier zu meinem Kleid?
- [ ] Bieten Sie Kleider für die Brautjungfern an? Gibt es einen Rabatt, wenn die Brautjungfern auch bei Ihnen die Kleider kaufen?

UNSER TIPP

✓ Vereinbaren Sie einen Termin am besten unter der Woche, damit sich das Personal auch genügend Zeit für Sie nehmen kann.

✓ Bei manchen Brautkleidern ist ein Stoffmuster dabei. Wenn Sie ein Kleid gekauft haben, nehmen Sie das Stoffmuster auf jeden Fall mit, um weitere Accessoires (Schuhe, Handtasche, etc.) und evtl. den Hochzeitsanzug perfekt darauf abstimmen zu können.

✓ Probieren Sie verschiedene Kleiderstile aus. Evtl. können Sie sich einen bestimmten Stil nicht an Ihnen vorstellen, aber manche Kleider sehen angezogen ganz anders aus. Wichtig ist vor allem, dass Sie sich in Ihrem Brautkleid 100%ig wohlfühlen.

✓ Suchen Sie ein Kleid aus, das angenehm zu tragen ist und Ihnen gut passt. Sie wollen sicherlich nicht den ganzen Tag am Kleid herumziehen, fast keine Luft bekommen oder sich Sorgen machen, dass Sie nicht perfekt aussehen.

✓ Falls Sie nach dem alten Brauch Ihre Schuhe mit gesammelten Centstücken bezahlen wollen, sollten Sie vorher im Fachgeschäft vorsichtshalber nachfragen, ob dies möglich ist. Falls nicht, können Sie auch alternativ 1- oder 2-Euro-Münzen nehmen.

€ Wenn Sie ein gebrauchtes Brautkleid kaufen, ein neues Brautkleid online bestellen oder in China schneidern lassen (Testbericht: www.100checklisten.de/brautkleid-china), können Sie viel Geld sparen. Schuhe und Accessoires sind außerhalb des Brautmodengeschäftes meistens günstiger.

To Do Outfit

☐ Recherche im Internet/Hochzeitsmagazinen über Brautkleider und Brautmodengeschäfte

☐ Überlegen, welcher Stil zu Ihnen passen würde und welche Richtung Ihnen gefällt

☐ Begleitung (Trauzeugin?) zum Brautmodengeschäft-Termin einladen

Checkliste Outfit

Folgende Dinge gehören zu einem kompletten Braut-Outfit. Es bleibt natürlich Ihnen überlassen, welche Accessoires Sie verwenden möchten.

☐ Brautkleid

☐ Schleier

☐ Unterwäsche (passend zur Farbe und Schnitt des Brautkleides)

☐ Schuhe

☐ Strumpfhose

☐ Strumpfband

☐ Schmuck (z.B. Ohrringe, Kette und Armband) und Haarschmuck

☐ Brauttasche

☐ Stola/Bolero/Handschuhe

☐ Etwas Altes (z.B. Familienschmuck, Schleier, etc.)

☐ Etwas Neues (z.B. Brautkleid, Unterwäsche, etc.)

☐ Etwas Geliehenes (z.B. Familienschmuck, Handtasche, etc.)

☐ Etwas Blaues (z.B. blaue Ohrringe, blauer Zehen-Nagellack, blaues Strumpfband, etc.)

UNSER TIPP

✓ Bei hohen Schuhen sollten Sie vorsichtshalber Ersatzschuhe für den späteren Abend mitnehmen (z.B. weiße Ballerinas).

✓ Falls Sie nach der Hochzeit direkt vom Hotel in die Flitterwochen fahren, achten Sie darauf, dass Sie bequeme Schuhe/Kleidung einpacken. Nicht, dass Sie mit den Brautschuhen außer Haus gehen und nur Flip-Flops im Gepäck haben.

✓ Wenn der Standesamt-Termin und die kirchliche Trauung an einem Tag sind, macht es Sinn, nur ein Outfit zu wählen, da nicht genügend Zeit zum Umziehen und Umstylen bleibt.

€ Wenn Sie gerne basteln, dann können Sie Ihren Schmuck selbst zusammenstellen. Das macht Spaß, Sie werden Stolz auf Ihr individuelles Schmuckstück sein und Sie sparen dabei noch Geld.

Brautjungfernkleider

To Do Brautjungfernkleider

☐ Auswahl der möglichen Kleider/Farben an Brautjungfern geben und gemeinsam abstimmen

☐ Falls eine Brautjungfer weit entfernt wohnt: Maße anfordern und evtl. Stoffmuster zuschicken

☐ Brautjungfernkleider in Auftrag geben bzw. kaufen

☐ Rechtzeitig noch einmal nachfragen, ob alle Brautjungfern ihre Kleider erhalten haben und ob sie gut passen

☐ Evtl. gemeinsam die passenden Accessoires und den Schmuck aussuchen

☐ Evtl. Farbe der kleinen Blumensträußchen mit der Kleiderfarbe abstimmen

UNSER TIPP

✓ Viele Brautjungfern haben Angst davor, dass bei einem gleichen Kleid die Figuren verglichen werden. Wählen Sie deshalb Kleider aus, die für alle Brautjungfern zum individuellen Körperbau passen. Evtl. können auch unterschiedliche Stile mit dem gleichen Stoff realisiert werden, damit sich auch wirklich jede Brautjungfer wohlfühlt.

✓ Sie können auch eine der Farben der Hochzeitsdeko als Farbe der Brautjungfernkleider wählen. So entsteht weniger Diskussion und es passt einheitlich zum Rest der Feier.

✓ Als Geschenk für die Brautjungfern kann Schmuck oder ein Täschchen gekauft werden, das bei der Hochzeit getragen werden kann. So erhalten die Brautjungfern auch gleichzeitig ein schönes Erinnerungsstück.

€ Wenn alle damit einverstanden sind, können die Kleider auch günstig im Internet bestellt werden. Hier sollten Sie dann aber noch etwas Geld für kleine Änderungen einplanen.

To Do Frisur/Make-up

☐ Ideen für die Frisur sammeln und zum Probetermin mitnehmen

☐ Ein Foto vom Brautkleid mitnehmen, damit die Frisur zum Stil des Brautkleides passt

Fragen an den Friseur und Make-up Artist

Vor der Terminvereinbarung

☐ Was kostet bei Ihnen ungefähr ein Brautstyling?

☐ Ist der Probetermin im Preis inklusive?

☐ Muss eine Anzahlung geleistet werden? Falls ja, bis wann muss der Rest bezahlt werden?

☐ Wie viel Erfahrung haben Sie mit Hochzeiten?

☐ Können Sie mich auch bei mir zu Hause frisieren und schminken?

   ☐ Falls ja, kostet das extra?

   ☐ Falls nein, gibt es bei Ihnen ein extra Zimmer, in dem man sich umziehen kann?

☐ Wann kann ein Probetermin stattfinden?

Im Friseurgeschäft/Schminksalon

☐ Wie viel kostet das gewünschte Brautstyling?

☐ Wie kann ich bei der Feier am besten den Schleier abnehmen, ohne die Frisur zu zerstören?

☐ Wie viel Zeit wird für die gewünschte Frisur und das Make-up benötigt?
Legen Sie gleich den Termin für den Hochzeitstag fest

Welche Artikel sollte ich während der Feier dabei haben, damit Frisur und Make-up immer perfekt aussehen?
Evtl. Haarspray, Ersatz-Haarklammern, Puder, Lippenstift, etc.

Soll ich am Tag der Hochzeit oder einen Tag vorher meine Haare waschen?
Bei manchen Hochsteckfrisuren ist es sogar besser, wenn die Haare nicht frisch gewaschen sind

Was würde es zusätzlich kosten, die Trauzeugin (und evt. Brautjungfern) zu stylen?

UNSER TIPP

✓ Wegen der Tränengefahr sollten Sie auf jeden Fall wasserfeste Wimperntusche benutzen! Oder Sie lassen Sie sich kurz vor der Hochzeit die Wimpern färben.

✓ Professionelles Make-up ist nicht nur schön, sondern Sie fühlen sich auch richtig besonders an Ihrem Tag. Wenn es ins Budget passt, unbedingt in Anspruch nehmen!

✓ Falls Sie sich nicht von einem professionellen Make-up Artist schminken lassen, dann achten Sie darauf, dass Sie für das Make-up gutes Licht haben (am besten Tageslicht), um die Wirkung der Farben richtig einschätzen zu können.

✓ Falls Sie ein Brautkleid haben, das nicht von unten angezogen werden kann, müssen Sie dieses schon vor dem Frisieren anziehen, damit die Frisur nicht wieder zerstört wird (großen Schutzumhang beim Schminken nicht vergessen).

✓ Falls Sie das Brautkleid erst nach dem Frisieren/Schminken anziehen können, dann achten Sie darauf, dass Sie eine Bluse mit Knöpfen oder ein weites T-Shirt anziehen (dann müssen Sie das Oberteil nicht über den Kopf ausziehen).

✓ Möchten Sie für Ihren Tag ein besonders tolles Dekolleté? Dann können Ihnen neben Corsagen und Push-Up-BHs auch Silikoneinlagen für den BH weiterhelfen.

❗ Haare am besten schon Wochen vor der Hochzeit schneiden lassen. So wäre bei einem Schnittfehler noch genug Zeit, um sich eine Alternative zu überlegen.

❗ Vorsichtshalber sollten Sie keine neuen Pflegeprodukte/Kosmetika kurz vor der Hochzeit benutzen, um unerwünschte Reaktionen (Allergie, etc.) zu vermeiden.

€ Falls Sie für Ihre Hochzeit noch weißere Zähne bekommen möchten, gibt es dafür mehrere Möglichkeiten. Meist ist jedoch das Bleaching beim Zahnarzt extrem teuer und zeitaufwendig. Für eine günstige und einfache Alternative können wir einen Zahnweißstift empfehlen, der in wenigen Tagen weiße Zähne zaubert. Erhältlich z.B. unter www.superweiss.com.

Brautfrisur-Ideen

Fragen an den Herrenausstatter

- Bieten Sie auch maßgeschneiderte Anzüge an?

- Welchen Anzugstil würden Sie mir empfehlen?

- Welche Materialunterschiede gibt es?
  Welches Material würden Sie mir bei meinem Budget empfehlen?

- Was ist im Preis inklusive?
  Krawatte, Plastron, Weste, etc.?

- Haben Sie auch ein farblich passendes Hemd auf Lager?

- Gibt es Rabatt, wenn alles komplett gekauft wird?

- Wie lange ist die Lieferzeit des Anzugs?

- Wann ist die Zahlung fällig?

- Kann die Bestellung storniert werden?
  Falls ja, bis wann?

- Wie kann ich einen Fleck auf dem Anzug am besten entfernen?

- Gibt es eine Änderungsschneiderei im Haus für kleine Änderungen?

- Wie viel Zeit benötigt die Schneiderei für die Änderungen?

- Wann kann der Anzug abgeholt werden?

Hochzeitsanzug

Checkliste Outfit

Folgende Dinge gehören zu einem kompletten Bräutigam-Outfit. Es bleibt natürlich Ihnen überlassen, welche Accessoires bzw. welchen Stil Sie verwenden möchten.

☐ Anzug

☐ Hemd und Unterhemd
Nicht vergessen, ein Ersatzhemd zu kaufen!

☐ Farblich passende Schuhe!

☐ Krawatte/Plastron

☐ Hochzeitsweste

☐ Farblich passender Gürtel

☐ Einstecktuch

☐ Farblich passende Socken

☐ Evtl. Krawattennadel

☐ Evtl. Manschettenknöpfe

☐ Evtl. Zylinder/Hut

UNSER TIPP

✓ Nehmen Sie zum Anzugkauf eine Stoffprobe des Brautkleides mit und klären Sie vorher die Farbe des Anzugs mit der Braut ab.

✓ Wenn Sie schon wissen, welche Schuhe Sie anziehen werden, nehmen Sie diese zum Einkauf mit. So kann die Länge der Hose besser eingeschätzt werden.

✓ Falls Sie selten einen Anzug mit Krawatte tragen, sollten Sie rechtzeitig den Krawattenknoten üben oder binden lassen.

✓ Eine glatte Tanzfläche und neue glatte Schuhsohlen sind keine gute Kombination. Wenn die Schuhe zu rutschig sind, entweder etwas rauhes Schleifpapier benutzen oder die Schuhe auf der Straße einlaufen, damit die Sohlen etwas angerauht werden.

✓ Falls Sie nach der Hochzeit direkt vom Hotel in die Flitterwochen fahren, achten Sie darauf, dass Sie bequeme Schuhe/Kleidung für die Reisezeit einpacken.

! Probieren Sie nach jeder Änderung des Schneiders den Anzug unbedingt an (mit Schuhen). In seltenen Fällen kann es vorkommen, dass das Maß nicht richtig umgesetzt wurde.

@ Auf www.youtailor.de können Sie online individuelle Maßanzüge selbst designen – so erhalten Sie garantiert einen besonderen Hochzeitsanzug.

Hochzeitsrede

Falls Sie eine Hochzeitsrede halten möchten, dann sollten Sie nicht einfach aus dem Stegreif plaudern, sondern die Rede möglichst gut vorbereiten. Sie wollen Ihre Gäste schließlich nicht langweilen. Die nächste Checkliste wird Ihnen dabei helfen, sich auf die Hochzeitsrede passend vorzubereiten.

To Do Hochzeitsrede

- [ ] Machen Sie sich Gedanken darüber, was Sie sagen möchten
  Die Rede sollte auf jeden Fall persönlich sein

- [ ] Schreiben Sie witzige und rührende Anekdoten/Geschichten auf und suchen Sie dann die besten aus, die Sie verwenden möchten
  Evtl. Beteiligte um Erlaubnis bitten, ob die Geschichte so erzählt werden darf!

- [ ] Überlegen Sie, ob es ein bestimmtes Ereignis oder Zitat gibt, welches sich als Thema durch die Rede hindurch ziehen könnte

- [ ] Bauen Sie die Rede nach folgenden Elementen auf

  - [ ] Begrüßung

  - [ ] Einleitung (z.B. Zitat, Witz, Anekdote, etc.)

  - [ ] Hauptteil (Vertiefung des Themas z.B. Liebe, Ehe, gemeinsame Erlebnisse, etc.)

  - [ ] Schluss (z.B. Fazit, Toast, Eröffnung des Buffets, etc.)

- [ ] Schreiben Sie die Rede komplett auf (am besten mit kurzen/schlichten Sätzen) und fragen Sie Ihren zukünftigen Ehepartner nach seiner Meinung

- [ ] Übertragen Sie die Rede auf Karteikärtchen. Schreiben Sie mit viel Abstand, um

  - [ ] Pausen und Betonungen zu markieren

  - [ ] Erinnerungen wie z.B. „Blickkontakt", „Langsam sprechen", etc. zu notieren

- [ ] Üben Sie die Rede, idealerweise vor dem Spiegel

- [ ] Falls die Rede länger als 5 Minuten dauert, sollten Sie den Text kürzen

Hochzeitsrede

✔ Vergessen Sie auf keinen Fall den Gästen zu danken, dass diese erschienen sind und danken Sie besonders auch den Helfern.

✔ Die Rede sollte unbedingt eine persönliche Note enthalten. Darüber hinaus tragen tiefe Gefühle und Humor zu einer schönen/gelungenen Rede bei.

✔ Freie Reden klingen schöner als abgelesene Sätze. Scheuen Sie sich aber nicht davor, sich ein paar Notizen auf Karteikärtchen zu machen. In der Aufregung verliert auch manch erfahrener Redner den Faden.

✔ Beim Verfassen der Rede sollten Sie so schreiben, wie Sie auch im Alltag reden. Sonst wirkt selbst eine flüssig vorgetragene Rede nicht authentisch.

✔ Haben Sie keine Angst davor, etwas zu vergessen oder sich zu verhaspeln. Ihre Gäste verstehen, dass dies ein großer Tag für Sie ist und Sie aufgeregt sind.

✔ Wenn Sie sehr nervös sind, suchen Sie den Blickkontakt hauptsächlich zu Ihrem Partner oder einer anderen beruhigenden Person. Wenn Sie etwas entspannter sind, können Sie den Blick wieder auf andere Gäste richten.

✔ Getuschel und Unruhe beim Publikum ist oft ein Zeichen dafür, dass man Sie schwer versteht. Reden Sie lauter und langsamer oder fragen Sie einfach nach, ob man Sie gut verstehen kann.

✔ Wenn das Publikum lacht, dann warten Sie einen Moment, bevor Sie weiterreden.

✔ Nicht jeder hat die besondere Begabung, tiefgründige und zugleich witzige Reden zu schreiben. Aber auch dafür gibt es eine Lösung: Lassen Sie sich von einer professionellen Agentur helfen! Das kostet ein wenig Geld, aber dafür erhalten Sie eine nach Ihren Wünschen geschriebene Rede, die Ihren Hochzeitsgästen lange in Erinnerung bleiben wird (buchbar z.B. unter www.redenservice.de).

❗ Hüten Sie sich davor, sich vor der Rede „Mut anzutrinken", auch wenn Sie nervös sind. Sowas kann im schlimmsten Fall ganz schön schief gehen.

UNSER TIPP

Notizen

Notfall-Box für das Brautpaar

Checkliste Notfall-Box (Brautpaar)

- [ ] Kosmetiktasche mit Spiegel, Lippenstift, Puder, Nagellack, etc.
- [ ] Haarbürste, Haarklammern/-klemmen und Haarspray
- [ ] Deo und Parfüm
- [ ] Handcreme und Lippenpflege
- [ ] Taschentücher
- [ ] Sicherheitsnadeln, ein kleines Nähset und Sekundenkleber
- [ ] Blasenpflaster und normale Pflaster
- [ ] Tabletten gegen Kopf- und Bauchschmerzen, ggf. persönliche Medikamente
- [ ] Kleingeld
- [ ] Mundspray, Kaugummis oder Minzbonbons
- [ ] Traubenzucker oder Müsliriegel
- [ ] Anti-Flecken-Stift
- [ ] Ersatzhemd und Ersatzunterhemd für den Bräutigam
- [ ] Ersatzstrumpfhose für die Braut
- [ ] Evtl. Ersatzbrille oder Kontaktlinsen mit Zubehör
- [ ] Evtl. ein Paar extra Socken (falls es regnet)
- [ ] Evtl. bequemere Schuhe für den späteren Abend
- [ ] Evtl. Damenbinden oder Tampons
- [ ] Evtl. Nagelkleber für künstliche Fingernägel
- [ ] Evtl. kleine Tube Sonnencreme
- [ ] Evtl. Regenschirm
- [ ] Evtl. Anti-Mücken-Spray

Hochzeitstag / Hochzeitsnacht

Checkliste Hochzeitstag – was mitnehmen?

- [ ] Briefumschläge mit Geld für die Dienstleister
- [ ] Notfall-Box für das Brautpaar
- [ ] Dieses Buch (bzw. alle Kontaktdaten)
  Am besten der Trauzeugin oder dem Trauzeugen geben
- [ ] Handy
  Vorsichtshalber ausschalten und nur im Notfall verwenden!
- [ ] Evtl. Koffer & Reiseunterlagen

Fragen an das Hotel (Hochzeitsnacht)

Gibt es eine Honeymoonsuite?	
Falls ja, ist diese noch frei?	
Was kostet das Zimmer? Ist das Frühstück inkl.?	
Hat das Zimmer besondere Ausstattungen z.B. Whirlpool?	
Was kostet eine Verlängerungsnacht?	
Ist die Rezeption 24 Stunden besetzt?	
Gibt es einen Zimmerservice/Minibar?	
Bis wann muss man auschecken? Gibt es auch einen Late-Check-Out?	
Wann ist die Zahlung fällig?	
Bis wann kann das Zimmer storniert werden?	
Kann man vorab das Zimmer ansehen?	

UNSER TIPP

✓ Falls Sie im gleichen Hotel wie Ihre Gäste übernachten: Ein gemeinsamer Brunch am nächsten Tag ist für die Gäste eine schöne Gelegenheit, um noch einmal ein paar Stunden mit dem Brautpaar zu verbringen.

✓ Wenn Sie direkt vom Hotel in die Flitterwochen fahren, sollten Sie jemanden beauftragen, der im Hotel das Brautkleid und den Hochzeitsanzug abholt.

✓ Wenn Ihr Budget es zulässt, dann sollten Sie sich ein Hotelzimmer leisten. Wenn Sie auswärts schlafen, können Sie eher entspannen und auch den nächsten Morgen noch voll genießen, anstatt sich schon Gedanken ums Aufräumen zu machen.

Fragen an den Juwelier

- [ ] Welches Material passt am besten zu unseren Vorstellungen und unserem Budget?

- [ ] Welches Material ist am besten, wenn man zu Allergien neigt?

- [ ] Kann auch das Material eines alten Erbstückes mit eingearbeitet werden?

- [ ] Oberfläche: Matt, gehämmert oder poliert, was ist am besten?

- [ ] Wie viel Karat hat der Diamant?

- [ ] Was kosten die Ringe?

- [ ] Können diese Ringe später noch größer/kleiner gemacht werden? Falls ja, was würde das kosten?

- [ ] Kann man in den Ring auch nachträglich noch weitere Steine einfassen lassen?

- [ ] Wie lange ist die Lieferzeit?

- [ ] Können Sie die Ringe auch gravieren?
  Üblich ist der Name des anderen Partners und das Hochzeitsdatum

- [ ] Bieten Sie auch Lasergravuren für lange Texte an?

- [ ] Was kostet das Gravieren?

- [ ] Wann ist die Zahlung fällig?

- [ ] Wie sollen die Ringe gepflegt werden?

- [ ] Wann können die Ringe abgeholt werden?

Eheringe

✓ Für den Besuch beim Juwelier sollten Sie einen geeigneten Zeitpunkt wählen. Unter der Woche hat der Verkäufer garantiert mehr Geduld und Zeit für Sie, als an einem überfüllten Samstagnachmittag.

✓ An heißen Tagen sollten Sie lieber vormittags hingehen, falls Ihre Hände dazu neigen, wegen der Hitze anzuschwellen.

✓ Bedenken Sie bei der Auswahl, dass Sie die Ringe ein Leben lang tragen werden. Unter Umständen gefällt Ihnen ein ausgefallenes Design in ein paar Jahren nicht mehr. Wenn Sie die Ringe täglich tragen möchten, sollten Sie auch alltagstauglich sein (ein großer Diamant, der hervorsteht, kann auch schon mal hier und da hängenbleiben).

✓ Falls Sie keinen schlichten Ring möchten, sondern etwas Besonderes, dann richten Sie sich besser vorher darauf ein, dass sie evtl. 2-3 Juwelierbesuche benötigen, um die perfekten Ringe zu finden.

✓ Es gibt mittlerweile auch sogenannte Hobbygoldschmieden, in denen Sie an einem Tag unter professioneller Anleitung Ihre einzigartigen Eheringe selbst schmieden können.

✓ Eine Ehering-Versicherung kann oft in die Hausratversicherung mit aufgenommen werden – Fragen Sie Ihren Versicherungsberater.

✓ Eine Lasergravur ermöglicht sehr viel Text in der Innenseite des Ringes. Damit kann man sogar den Trauspruch in Minibuchstaben oder ganze Geschichten einlasern lassen. Ein besonderer Tipp: Überraschen Sie sich gegenseitig, indem Sie dem Juwelier einen individuellen Spruch oder Text zukommen lassen, den er in den Ring des anderen eingraviert. Natürlich dürfen Sie dann erst am Hochzeitstag herausfinden, was sich Ihr Partner für Sie ausgedacht hat.

✓ Verlieren die Eheringe nach ein paar Monaten ihren Glanz, dann kann jeder Juwelier diese wieder schön glänzend polieren. Das Polieren kostet nur ein paar Euro, größere Kratzer zu entfernen kostet je nach Material ca. 30-40€ pro Ring.

❗ Unbedingt beachten: Falls Sie die Ringe in einem Online-Shop kaufen, sollten Sie die Ringe auf keinen Fall dort gravieren lassen, denn dadurch werden die Ringe personalisiert und das Rückgaberecht entfällt!

€ Eheringe aus günstigen Materialien (wie z.B. Wolfram, Titan, Silber, etc.) sind wesentlich günstiger als Ringe aus Gold oder Platin. Informieren Sie sich aber auch über die Nachteile, damit Sie keinen Ehering kaufen, den Sie später nicht mehr tragen können/möchten (Allergie, Abnutzung, etc.).

€ Viele Bräute hätten gerne mehrere Diamanten, aber das Hochzeitsbudget ist sowieso schon knapp. Dann können Sie sich auch noch später z.B. pro Ehejahr oder pro Kind einen weiteren Diamanten einsetzen lassen.

Hochzeitsbräuche

Hochzeitsbräuche findet man auf jeder Hochzeit und sie gehören zum Hochzeitsfest einfach dazu. Es gibt viele regionale Unterschiede, deshalb ist hier nur eine Auswahl der gängigsten Bräuche aufgelistet. Entscheiden Sie selbst, welche Hochzeitsbräuche Ihnen wichtig sind.

Checkliste Hochzeitsbräuche

Vor der Hochzeit

- [ ] Polterabend
- [ ] Junggesellen-/Junggesellinnenabschied

Rund um die Trauung

- [ ] Blumenkinder
- [ ] Brautjungfern
- [ ] Trauung am Vormittag (steigende Sonne)
- [ ] Brautvater als Brautführer
- [ ] Ringtausch und Kuss
- [ ] Hochzeitskerze
- [ ] Sandzeremonie
- [ ] Hochzeitsbecher
- [ ] Reiswerfen der Hochzeitsgäste
- [ ] Baumstamm-Sägen nach der Trauung
- [ ] Hochzeitstauben
- [ ] Auto-Korso
- [ ] Bräutigam fährt nicht selbst
- [ ] Dosen am Hochzeitsauto

Hochzeitsbräuche

Rund um die Hochzeitsfeier

- [ ] Brautentführung
- [ ] Gemeinsames Anschneiden der Hochzeitstorte
- [ ] Hochzeitstanz
- [ ] Brautstrauß werfen
- [ ] Schleiertanz
- [ ] Strumpfband werfen/versteigern
- [ ] Hochzeitsmandeln als Gastgeschenk

Rund um das Outfit

- [ ] Weißes Brautkleid
- [ ] Etwas Altes, etwas Neues, etwas Geliehenes und etwas Blaues
- [ ] Brautschuhe mit gesammelten Cent-Stücken bezahlen
- [ ] Glücks-Cent im Brautschuh
- [ ] Brautschleier
- [ ] Viele Knöpfe am Brautkleid
- [ ] Auf keinen Fall das Brautkleid selbst nähen
- [ ] Bräutigam sollte Braut vor der Hochzeit nicht sehen

Nach der Hochzeit

- [ ] Bräutigam trägt die Braut über die Türschwelle
- [ ] Aufforderung am Haus/Wohnung zum Hupen (für vorbeifahrende Autos)
- [ ] Morgengabe (Geschenk vom Bräutigam an die Braut)

Weitere Infos und Erklärungen zu den Bräuchen finden Sie unter

@ www.100checklisten.de/hochzeitsbraeuche-evett

@ www.100checklisten.de/hochzeitsbraeuche

@ www.100checklisten.de/hochzeitsbraeuche-laue

Hochzeitsbräuche

! Falls Sie keine Wohnungsstreiche möchten, sollten Sie dies Ihren Freunden klipp und klar sagen. Lassen Sie sich evtl. auf die Alternative ein, dass die Wohnung romantisch verschönert werden darf, falls unbedingt etwas gemacht werden möchte.

✓ Der Brauch der Markierung des Hauses der Ex-Freundin(nen) des Bräutigams ist besonders in Dörfern beliebt. Viele Bräute möchten aber am Tag der Hochzeit sicher nicht an die Ex-Freundin erinnert werden. Ist dies bei Ihren Gästen ein üblicher Brauch, dann sollten Sie es unbedingt bekannt geben, falls Sie diesen Brauch nicht wünschen.

✓ Auch die Brautentführung sollte vorher mit Ihnen abgesprochen werden, jedoch geschieht dies in der Praxis nicht immer. Falls Sie keine Brautentführung möchten, sollten Sie auch dies mit Ihren Freunden abklären! Nicht, dass Sie dem Fotograf Überstunden bezahlen müssen, nur weil die Braut gerade nicht zu finden ist.

✓ Ein englischer Brauch, der auch bei uns immer öfter Anwendung findet: Frieren Sie die oberste Tortenetage der Hochzeitstorte für die Taufe Ihres ersten Kindes ein.

✓ Engagieren Sie einen Tanzlehrer für einen kurzen Tanzworkshop. So können Ihre Gäste während der Pause für die Hochzeitsfotos z.B. Walzer lernen. Dann sind Sie nach Ihrem Hochzeitstanz nicht alleine auf der Tanzfläche.

✓ Wer keinen klassischen Hochzeitstanz möchte, der kann auch einen besonders ausgefallenen oder lustigen Tanz einstudieren (weitere Infos unter www.100checklisten.de/hochzeitstanz-mal-anders).

Notizen

Standesamtliche Trauung

Unterlagen für die Anmeldung (nur bei Standardfällen)

- ☐ Personalausweis/Reisepass
- ☐ Beglaubigte Abschrift aus dem Geburtenregister
- ☐ Aktuelle Aufenthaltsbescheinigung der Meldebehörde (max. 2 Wochen alt)
- ☐ Vollmacht, falls Sie nicht persönlich bei der Anmeldung dabei sein können

Sonderfälle

Bei den folgenden Sonderfällen empfehlen wir, dass Sie sich rechtzeitig von Ihrem Standesamt vor Ort beraten lassen, da es in vielen Fällen Abweichungen gibt.

- ☐ Mind. 1 Partner ist im Ausland geboren
- ☐ Mind. 1 Partner ist ausländischer Staatsbürger
- ☐ Mind. 1 Partner wurde adoptiert
- ☐ 1 Partner ist noch minderjährig
- ☐ Mind. 1 Partner war schon einmal verheiratet
- ☐ Mind. 1 Partner hat ein noch minderjähriges Kind
- ☐ Sie haben schon ein gemeinsames Kind

Heiraten im Ausland

Die Unterlagen für das Ausland sind natürlich von Land zu Land verschieden, deshalb werden hier nur die Unterlagen aufgelistet, die Sie auf jeden Fall benötigen.

- ☐ Reisepass
- ☐ Internationale Abstammungsurkunde
- ☐ Ehefähigkeitszeugnis
- ☐ Aufenthaltsbescheinigung vom Heimatort

Fragen des Standesamtes an die Verlobten

Erfahrungsgemäß wird Ihnen das Standesamt folgende Fragen stellen (idealerweise machen Sie sich dazu schon vorher Gedanken):

☐ Trauzeugen erwünscht?
Wenn ja, dann Name, Anschrift und Kopien der Ausweise nötig

☐ Zukünftige Namensführung?

☐ Sollen persönliche Worte (z.B. Kennenlerngeschichte) mit einbezogen werden?

☐ Möchten Sie auch im Standesamt die Ringe tauschen?

Fragen an das Standesamt

☐ Wer wird die standesamtliche Trauung durch-führen?

☐ Dürfen Blumen/Reis gestreut werden?
Alternativ evtl. auf dem Rathausplatz

☐ Kann Musik von einer CD abgespielt werden?

☐ Wie viele Personen passen in das Standesamt?

☐ Darf der Fotograf mit Blitz fotografieren?
Darf die Trauung gefilmt werden?

☐ Ist der Saal schon dekoriert bzw. kann man eigene Blumendeko mitbringen?

☐ Wie lange dauert ungefähr die standesamtliche Trauung?

☐ Wird es eine Ansprache geben?
Kann diese vorher von uns geprüft werden?

☐ Dürfen eigene Eheversprechen vorgetragen werden?

☐ Dürfen religiöse Elemente (Gebet, Lied, etc.) eingebunden werden (falls erwünscht)?

☐ Bis wann müssen die Trauzeugen feststehen?

☐ Wo können die Gäste parken?

☐ Wo ist ein Sektempfang nach der Trauung möglich?

Standesamtliche Trauung

✓ Wenn Sie nicht wie üblich am Freitag, sondern am Donnerstag zur standesamtlichen Trauung gehen, bleibt Ihnen viel Hektik erspart. Sie können sich am Freitag dann voll und ganz auf den Aufbau konzentrieren und haben noch genug Zeit, um sich vor Ihrem großen Tag etwas zu entspannen.

✓ Die Trauung muss nicht unbedingt in dem Standesamt vor Ort stattfinden. Möchten Sie an einem anderen Ort die standesamtliche Trauung durchführen, müssen Sie dies aber dem Heimatstandesamt vorher mitteilen. Dann werden die Unterlagen an das gewünschte Standesamt weitergeleitet.

✓ Falls Sie nach der standesamtlichen Trauung einen Sektempfang mit Fingerfood planen, finden Sie dazu auf Seite 81 weitere Infos.

@ Unter www.heiraten-am-sonntag.de finden Sie Standesämter, die standesamtliche Trauungen auch sonntags anbieten.

Notizen

Kirchliche Trauung / Freie Trauung

Fragen an den Pfarrer/Priester oder freien Redner

- ☐ Ist der gewünschte Termin noch frei?
- ☐ Wie ist der ungefähre Ablauf der Trauung?
- ☐ Wie viel Zeit planen Sie für die Trauung ein?
- ☐ Gibt es eine Auflistung an Trausprüchen bzw. darf der ausgesuchte Trauspruch genommen werden?
- ☐ Sind eigene Eheversprechen möglich?
- ☐ Können Familienmitglieder/Freunde Gebete, Gedichte oder Lieder vortragen?
- ☐ Gibt es Einschränkungen bei der Musikauswahl?
- ☐ Bei unterschiedlichem Glauben: Kann ein Geistlicher des anderen Glaubens mit teilnehmen?
- ☐ Wie viele Vorgespräche sind geplant?
- ☐ Sind Ehevorbereitungskurse vorgeschrieben?
- ☐ Kann ein Termin für die Generalprobe ausgemacht werden? Sind Sie dabei anwesend?

Fragen an die Kirche/Traulocation

- ☐ Gibt es mehrere Trauungen an dem Tag?
- ☐ Wie viele Personen haben Platz?
- ☐ Falls die Location zu groß ist: Können Reihen abgebaut bzw. abgegrenzt werden?
- ☐ Falls keine Kirche: Gibt es eine Saalmiete? Wenn ja, wie hoch ist die Miete?

☐ Kann auch Musik von einer CD abgespielt werden?
Z.B. beim Ringwechsel

☐ Gibt es einen Organist, den man buchen kann?

☐ Wo können sich selbst gebuchte Musiker aufstellen? Ist eine ausreichende Technik vorhanden?

☐ Gibt es genug Steckdosen für die Technik/Musiker?

☐ Wie ist die Akustik?

☐ Sind genügend Mikrofone vorhanden?

☐ Dürfen Blumen/Reis gestreut werden?

☐ Darf die Trauung gefilmt werden?
Darf der Fotograf auch mit Blitz fotografieren?
Dass alle andere Gäste den Blitz ausschalten ist selbstverständlich, sollte aber trotzdem bei der Trauung erwähnt werden!

☐ Wer dekoriert bzw. ab wann kann dekoriert werden?

☐ Bis wann muss abgebaut werden?

☐ Sind Renovierungen an der Kirche zur Zeit der Trauung geplant?
Nicht, dass die Kirche oder Kapelle vor lauter Baugerüste nicht mehr zu erkennen ist!

☐ Wo können wir uns für die Gratulationen aufstellen?

☐ Dürfen wir vor der Location einen Sektempfang organisieren? Stehen dafür genügend Tische zur Verfügung?

☐ Wo können die Gäste parken?

Unterlagen für die Trauung

Generell gilt: Wenn Sie nicht in der eigenen Gemeinde heiraten, dann benötigen Sie die Erlaubnis vom eigenen Gemeindepfarrer/Priester.

Evangelische Trauung

☐ Personalausweis

☐ Taufbescheinigung

☐ Heiratsurkunde
Wird offiziell nicht mehr benötigt, aber trotzdem fast immer verlangt

☐ Dispens, falls Partner katholisch ist

Katholische Trauung

- ☐ Personalausweis
- ☐ Taufbescheinigung
- ☐ Ledigkeitsnachweis
- ☐ Heiratsurkunde
  Wird offiziell nicht mehr benötigt, aber trotzdem fast immer verlangt
- ☐ Evtl. Ehevorbereitungsprotokoll

To Do Trauung

- ☐ Trauspruch auswählen
- ☐ Machen Sie sich Gedanken, ob Sie sich bei der Trauung ein Abendmahl wünschen
- ☐ Planen Sie den Ablauf des Ein- und Auszugs
- ☐ Überlegen Sie sich, ob Sie eigene Musik auswählen möchten
- ☐ Bestimmen Sie die Lieder, die gesungen werden sollen
- ☐ Schreiben Sie bestimmte Bibelverse/Zitate auf, falls diese unbedingt in der Predigt erwähnt werden sollen
- ☐ Wählen Sie evtl. einen Sprecher für die Fürbitten aus

Checkliste Trauung

Folgende Dinge sollten Sie zur Trauung mitbringen:

- ☐ Ringe bzw. Ringkissen mit den Ringen
- ☐ Kirchenhefte
- ☐ Antennenschleifen
- ☐ Geld für Kollekte
- ☐ Evtl. Hochzeitskerze
- ☐ Evtl. CD mit Musik
- ☐ Evtl. Blumenkörbe für die Blumenkinder
- ☐ Evtl. Ausdruck des Eheversprechens

UNSER TIPP

✓ Üben Sie den Einzug! Bedenken Sie, dass Sie mit Ihrem Brautkleid sicherlich kleinere Schritte machen. Das Tempo und die Schrittgröße sollten mit dem Brautführer und der Musik vorher abgestimmt werden.

✓ Stellen Sie sich für die Gratulationen so auf, dass man der Braut zuerst gratuliert.

€ Findet am gleichen Tag eine weitere Hochzeit in der Kirche/Traulocation statt, können Sie sich ja evtl. mit dem anderen Brautpaar die Kosten für die Dekoration teilen.

Fragen an die Musiker

- [ ] Auf wie vielen Hochzeiten sind Sie schon aufgetreten?
- [ ] Welche Musikstile haben Sie im Repertoire?
- [ ] Welche Lieder würden Sie uns empfehlen?
- [ ] Sind Sie auch bereit, neue Lieder für die Hochzeit einzustudieren?
- [ ] Benötigen Sie spezielle Technik? Ist diese im Preis inklusive?
- [ ] Was kostet Ihr Auftritt?
- [ ] Wie viele Lieder werden Sie spielen?
- [ ] Wann ist die Zahlung fällig?
- [ ] Bis wann kann storniert werden?
- [ ] Haben Sie einen Ersatz im Fall von Krankheit?
- [ ] Wie werden Sie gekleidet sein?

Notizen

Sektempfang und Fingerfood

Getränkeauswahl Sektempfang

☐ Sekt

☐ Orangensaft

☐ Wasser

☐ Evtl. Sirup (z.B. Holunderbeerensirup)

☐ Evtl. Softgetränke

Herzhafte Fingerfoodvorschläge   Wird mitgebracht von

Herzhafte Fingerfoodvorschläge	Wird mitgebracht von
☐ Käse-Trauben-Spieße	
☐ Kleine Frühlingsrollen	
☐ Sushi (nur bei ausreichender Kühlung!)	
☐ Kleine Pizzastückchen oder belegte Brötchen	
☐ Bruschetta	
☐ Butter-Brezeln (am besten halbieren)	
☐ Herzhafte Muffins	
☐ Knabberzeugs (z.B. Salzstangen)	
☐ Gefüllte Eierhälften	
☐ Blätterteigtaschen mit herzhafter Füllung	
☐ Schinkenhörnchen	
☐	
☐	

Süße Fingerfoodvorschläge

Wird mitgebracht von

	Süße Fingerfoodvorschläge	Wird mitgebracht von
☐	Süße Muffins oder Cupcakes	
☐	Trockener Kuchen (z.B. Marmorkuchen)	
☐	Obstsalat in kleinen Schälchen	
☐	Schokoladencroissant	
☐	Brownies / Cookies	
☐	Pralinen	
☐	Blätterteigtaschen mit Vanillepudding	
☐	Mini Mohrenköpfe	
☐	Nuss-Schnecken oder Nuss-Ecken	
☐		
☐		

✓ Trennen Sie das Fingerfoodbuffet nach süß und herzhaft und beschriften Sie die Leckereien mit kleinen Kärtchen – Ihre Gäste werden Ihnen dankbar sein!

✓ Vielleicht können Sie ja bei Ihrem Bäcker anfragen, ob er (anstatt normalen Brezeln) herzförmige Laugenstangen für Sie backen könnte.

€ Anstatt alles vom Catering organisieren zu lassen, ist es viel günstiger, Ihre Hochzeitsgäste zu bitten, Sie beim Fingerfood zu unterstützen.

UNSER TIPP

Notizen

_____

_____

_____

_____

Hochzeitslocation

Diese Checkliste deckt alle wichtigen Fragen zur Auswahl der Hochzeitslocation ab. Falls jedoch eine Location in die engere Auswahl kommt, die nur mit einem bestimmtem Catering gebucht werden kann (z.B. ein Restaurant oder Hotel), dann sollten Sie sich auf jeden Fall zusätzlich die Checkliste für das Catering auf Seite 116 anschauen.

Die Auswahl der Location ist einer der wichtigsten Faktoren für eine gelungene Hochzeitsfeier, denn die Location bestimmt den Stil sowie die Gästeanzahl und hat einen großen Einfluss auf das Budget. Besichtigen Sie die Location auch einmal bei Nacht, um die Beleuchtung und die damit erzeugte Stimmung besser beurteilen zu können.

Die wichtigsten Fragen zur Auswahl   1. Location: _____

- ☐ Wie viele Personen passen in den Saal?
- ☐ Ist die Location zum gewünschten Termin noch frei?
- ☐ Gibt es eine Saalmiete? Falls ja, wie viel €?
- ☐ Sind Tische, Stühle, Hussen, Deko, Geschirr und Besteck im Preis enthalten? Falls nein, können diese gemietet werden?
- ☐ Ist die Technik im Preis enthalten?
- ☐ Gibt es eine Bühne und eine Tanzfläche?
- ☐ Ist die Location behinderten-/altengerecht?
- ☐ Finden evtl. noch weitere Hochzeiten in der Location statt? *Falls ja, sollten Sie vorsichtshalber Wegweiser zu Ihrer Hochzeit aufstellen!*
- ☐ Muss man vorab einen bestimmten Betrag anzahlen (Kaution)? Bis wann muss nach der Hochzeit der Restbetrag überwiesen werden?
- ☐ Wenn Feier im Restaurant: Ist eine geschlossene Gesellschaft möglich?
- ☐ Wie lange kann gefeiert werden? Was würde eine mögliche Verlängerung kosten?
- ☐ Bis wann darf Musik gespielt werden? Gibt es zur späteren Stunde eine Einschränkung der Lautstärke?

Hochzeitslocation

2. Location: _____ **3. Location:** _____

Die wichtigsten Fragen zur Auswahl

1. Location: _____

☐ Kann die Location nur mit einem bestimmten Catering gebucht werden?

Falls nein:

☐ Ist eine Küche mit allen wichtigen Utensilien vorhanden?

☐ Gibt es eine Industriespülmaschine?

☐ Gibt es genügend Platz für ein Buffet bzw. sind genügend Tische dafür vorhanden?

Falls ja:

☐ Was kostet ca. das Essen pro Person?
Evtl. gleich Probeessen vereinbaren

☐ Dürfen eigene Kuchen mitgebracht werden? Falls ja, gibt es eine Tellergebühr?

☐ Ist ein Sektempfang möglich? Wenn ja, Preis pro Person?

☐ Gibt es eine Getränkepauschale? Falls ja, welche Getränke sind inklusive?

☐ Gibt es eine Korkgebühr für eigenen Alkohol? Wenn ja, wie hoch ist die Gebühr?

☐ Sind zur Zeit der Feier Renovierungen geplant? Werden Räumlichkeiten wegfallen oder die Fassade vom Baugerüst verdeckt?

☐ Welche Tischanordnungen sind möglich? (Tafel, U-Form, einzelne Tische etc.)

☐ Fallen extra Gebühren für Nebenkosten an?
Mitternachtszuschlag, Reinigung, Müllentsorgung, Wasser, Strom, etc.

☐ Bis wann kann man den Termin reservieren?

☐ Bis wann kann die Buchung kostenlos storniert werden?

Hochzeitslocation

2. Location: _____   **3. Location:** _____

Hochzeitslocation

Wenn Sie sich für eine Hochzeitslocation entschieden haben, können Sie mit den folgenden Checklisten viele weitere Dinge abklären, die Sie noch wissen sollten. Dann können
Sie oder der Veranstalter dementsprechend evtl. gewünschte Änderungen vornehmen.

Hochzeitsgäste

- [ ] Welche Übernachtungsmöglichkeiten in der Nähe sind für die Gäste empfehlenswert?

- [ ] Raucher: Wo darf geraucht werden?
  Gibt es eine überdachte Raucherecke?
  Sind genügend Aschenbecher vorhanden?

- [ ] Gibt es genügend Parkmöglichkeiten für die Gäste? Wo könnte man noch parken, ohne einen Strafzettel zu riskieren?

- [ ] Bis wann benötigen Sie die endgültige Gästeanzahl?

- [ ] Was ist, wenn Gäste nicht erscheinen? Muss trotzdem die volle Pauschale gezahlt werden?

Essen und Getränke

- [ ] Welche Getränke können zum Kuchen angeboten werden?
  Z.B. Kaffee, Espresso, Heiße Schokolade, etc.

- [ ] Gibt es einen Kühlraum, in dem man die Hochzeitstorte und evtl. andere Kuchen unterbringen kann? Falls ja, wann können diese geliefert werden?

- [ ] Wo kann die Hochzeitstorte am besten angeschnitten werden? Wird ein extra Tisch dafür benötigt?

- [ ] Können Cocktails serviert werden?

Location

- [ ] Ist eine Vase für den Brautstrauß (und evtl. für weitere Sträuße) vorhanden?

- [ ] Sind genügend Baby- und Kinderstühle für die kleinen Hochzeitsgäste vorhanden?

- [ ] Gibt es eine Garderobe? Dürfen Jacken auch am Stuhl aufgehängt werden?

- [ ] Wo könnte man einen Tisch für die Geschenke aufstellen?

☐ Kann man bei den Toiletten eine kleine Notfall-Box aufstellen? *Eine Checkliste für die Notfall-Box für Ihre Hochzeitsgäste finden Sie auf Seite 32.*

☐ Gibt es einen kleinen Nebenraum für die Kinderbetreuung (und später für die schlafenden Kinder)? Gibt es zumindest Platz für einen kleinen Maltisch?

☐ Wo können schöne Hochzeitsfotos in der Nähe gemacht werden?

☐ Wo ist der beste Platz für ein Gruppenfoto? *Vielleicht gibt es ja in der Nähe eine große Wiese o.ä.*

☐ Gibt es einen schönen Weg für einen kleinen Spaziergang in der Nähe?

☐ Können am Abend auch einzelne Lichter ausgeschaltet werden? *Für eine bessere Stimmung*

☐ Ist während der ganzen Feier ein Ansprechpartner vor Ort, der sich gut auskennt? *Z.B. sollte bei einem Stromausfall der Stromkasten schnell gefunden werden*

☐ Bis wann muss der Abbau (z.B. Technik, Tisch mit Geschenken etc.) erfolgen?

☐ Was muss alles gereinigt werden?

☐ Ist eine Umkleide (oder Nebenraum) für Musiker oder evtl. Programmpunkte vorhanden?

☐ Werden Trinkgelder für die Servicekräfte erwartet?

☐ Bei Feier im Hotel: Gibt es eine Honeymoonsuite? Ist diese evtl. im Preis inklusive?

Technik/Musik

☐ Sind Mikrofone vorhanden? *Mindestens 2 sind zu empfehlen*

☐ Gibt es genügend Steckdosen und Verlängerungskabel für die Vorführungen?

☐ Ist die Technik für die Musik am späteren Abend ausreichend? Was wird noch benötigt? *Hier kommt es darauf an, ob Sie eine Band, einen DJ oder einen Alleinunterhalter gebucht haben*

☐ Ist die Stromversorgung ausreichend für eine zusätzliche Musik- und Lichtanlage?

Dekoration

- [ ] Dürfen Kerzen angezündet werden?

- [ ] Kann man Dekoartikel wie z.B. Kerzenständer, Kerzen, Servietten, etc. ausleihen?

- [ ] Sind auch farbige Servietten oder Tischläufer vorhanden (passend zur restlichen Deko)?

- [ ] Ab wann kann die Location dekoriert werden?
  Am besten schon ein paar Tage früher, damit es an Ihrem Hochzeitstag nicht zu stressig wird

Heiraten im Freien (zusätzliche Fragen)

- [ ] Ist eine offizielle Genehmigung notwendig?

- [ ] Ist der Boden eben und stabil genug für Tische, Stühle und eine Tanzfläche?

- [ ] Sind genügend Zelte und Sonnenschirme vorhanden oder müssen welche ausgeliehen werden? (Falls ja: Größe und Anzahl?)

- [ ] Ist eine Zeltheizung vorhanden bzw. nötig? Haben die Zelte Seitenwände?

- [ ] Gibt es genügend Bänke und Stühle für die Trauung?

- [ ] Gibt es genügend Tische und Stühle für das Fest?

- [ ] Ist eine Alternative in der Nähe vorhanden, falls es regnen sollte oder es tagelang davor geregnet hat?

- [ ] Gibt es Kühlmöglichkeiten für Getränke und Aufwärmmöglichkeiten für das Essen?

- [ ] Gibt es Toiletten und einen Wickelraum in der Nähe? *Mindestens 1 normale Toilette sollte vorhanden sein! Im Notfall könnte man noch weitere mobile Toiletten aufstellen.*

- [ ] Gibt es eine Stromversorgung oder wird ein Generator benötigt?
  Generatoren sollten wegen der Lautstärke nicht zu nah an der Feier aufgestellt werden

- [ ] Wie sieht die Location zur geplanten Jahreszeit aus? Welche Blumen blühen?

☐ Achtung bei starken Pollen-Allergien: Welche Gräser/Bäume könnten zum Problem werden?

☐ Gibt es viele Wespen/Mücken bei Tag? Gibt es viele Stechmücken bei Dämmerung/Nacht? Falls ja, was kann dagegen unternommen werden?

☐ Kann der Platz von der Öffentlichkeit abgegrenzt werden?

Weitere Fragen und Notizen

☐ _____

☐ _____

☐ _____

☐ _____

☐ _____

UNSER TIPP

! Die Fahrt zwischen Standesamt/Kirche und der Feier sollte nicht länger als 1 Stunde dauern. Wichtig: Informieren Sie sich vorher über Baustellen und Events (Fussballspiele etc.).

✔ Vielleicht können Sie ja die dekorierte Location bei einer anderen Veranstaltung besichtigen. Oder Sie lassen sich Fotos von bisherigen Dekorationen der Location zeigen (Ideen schaden nie).

✔ Wegschilder vor Ort helfen Ihren Gästen, die Location leichter zu finden.

✔ Falls keine Kerzen angezündet werden dürfen, kann ja vielleicht ein Kompromiss mit hohen Windlichtern ausgehandelt werden.

✔ Bei einem pompösen Brautkleid bietet ein Behinderten-WC viel mehr Freiraum. Schauen Sie sich vorsichtshalber auch die Sauberkeit der Toiletten an.

✔ Vergessen Sie nicht, bei der Besichtigung ein paar Bilder von dem Festsaal zu machen – so kann Ihr Florist die Tischdeko perfekt auf die Räumlichkeiten abstimmen.

✔ Falls Sie übrig gebliebenes Essen mit nach Hause nehmen dürfen, dann beauftragen Sie am besten Ihre Mutter oder die Trauzeugin, genügend Tupperdosen mitzunehmen, um das Essen evtl. für Sie einzufrieren.

Fragen, die Sie sich stellen sollten

☐ Wie viele Personen können eingeladen werden, ohne dass es zu eng wird?

☐ Ist die Küche genügend ausgestattet?
Beachten Sie die verschiedenen Gänge, notfalls weitere Gläser, Besteck, Kochtöpfe, etc. ausleihen

☐ Wird im Garten gefeiert oder im Haus?
Bei Regen sollte das Haus oder ein Zelt als Alternative genügend Platz bieten

☐ Werden noch Zelte für den Garten benötigt? Falls ja, wie viele und wie groß?

☐ Müssen noch Tische, Stühle, Tischdecken und Hussen ausgeliehen werden?

☐ Wo werden die Jacken und Mäntel aufgehängt?

☐ Gibt es eine „Raucherecke"?
Am besten zu Beginn den Gäste mitteilen, wo geraucht werden darf

☐ Kann ein extra Zimmer für die Kinder vorbereitet werden (Spiel- und Schlafzimmer)?

☐ Gibt es genügend Baby- und Kinderstühle? Falls nein, sollen wir die Eltern bitten, die passenden Stühle einfach mitzubringen?

☐ Hat es im Bad genügend Platz, dass ein Baby auf dem Boden gewickelt werden kann? Gibt es eine Alternative?

☐ Wo kann eine Bühne und eine Tanzfläche aufgebaut werden?

Heiraten zu Hause

☐ Wie viele Möbel müssen umgestellt werden?
Wo könnten diese evtl. gelagert werden?

☐ Catering, Buffet oder selbst kochen bzw. Essen
mitbringen lassen?

☐ Welche Getränke möchten wir anbieten?
Wie viel wird benötigt?

☐ Gibt es genügend Kühlmöglichkeiten für Getränke,
Kuchen, Salate etc.?

☐ Gibt es genügend Parkmöglichkeiten?
*Notfalls Nachbarn fragen oder auf öffentliche Parkplätze
zurückgreifen*

☐ Wo kann man am besten das Gruppenfoto auf-
nehmen?

☐ Gibt es Übernachtungsmöglichkeiten im Haus
oder in der Nähe?

☐ Werden extra Heizungen (z.B. für das Zelt im
Garten) oder Ventilatoren benötigt?

☐ Wird eine Technik-, Musik- oder Lichtanlage
benötigt?

☐ Wo können die Geschenke hingestellt werden,
ohne dass sie im Weg sind?

☐ Welche Helfer werden benötigt?

   ☐ Wer schaut ab und zu nach der Toilette?
   *Toilettenpapier und Seife nachfüllen,
   Handtücher austauschen, etc.*

   ☐ Wer kümmert sich um die Küche?
   Abspülen, etc.

   ☐ Wer kümmert sich um die Deko?
   Blumen, Kerzenhalter und Kerzen, Servietten, etc.

   ☐ Werden Bedienungen benötigt?
   *Servieren von Essen/Getränken, Auffüllen des Buffets
   und Abräumen des Geschirrs*

   ☐ Wer kümmert sich um Auf- und Abbau?
   Checkliste siehe Seite 122

☐ Möchten wir auch eine Sitzordnung?

UNSER TIPP

✓ Fangen Sie rechtzeitig mit gewünschten Veränderungen im Garten und Renovierungen im Haus an.

✓ Informieren Sie rechtzeitig Ihre Nachbarn über das Fest. Bei stressigen Nachbarn ist es ratsam, diese trotzdem einzuladen. Dieser Schritt schafft schon vorab Frieden und schützt evtl. vor unerwünschtem Polizeibesuch. Außerdem besteht eine hohe Wahrscheinlichkeit, dass diese Nachbarn ohnehin nicht auftauchen.

✓ Ein genauer Einkaufsplan (was man bis wann besorgen muss) schafft Übersicht.

! Auch wenn die Hochzeit zu Hause sicherlich günstiger ausfallen wird, sollten Sie dennoch bedenken, dass es für Sie und Ihre Helfer mehr Aufwand bedeutet. Nur mit richtig guter Organisation und vielen Helfern werden Sie das Fest in Ruhe genießen können. Planen Sie Ihre Hochzeit so, dass Sie selbst Gast und nicht Gastgeber sind!

€ Getränke am besten auf Kommission kaufen – dann ist von allem genügend da und man kann alle unangebrochenen Kästen oder evtl. sogar Flaschen wieder zurückgeben.

Bei einer Hochzeit zu Hause muss viel organisiert und abgeklärt werden. Deshalb haben Sie hier besonders viel Platz für weitere Notizen.

Notizen

Heiraten zu Hause

Notizen

Blumenschmuck und Dekoartikel zaubern schnell eine festliche Stimmung. Wo Sie überall dekorieren möchten, bleibt natürlich Ihnen überlassen. Eine genaue Auswahl der Möglichkeiten finden Sie in der folgenden Liste.

Checkliste Blumen und Dekoration

Standesamtliche Trauung

- [ ] Blumenschmuck für den Tisch
- [ ] Blumenschmuck für die Stühle (Brautpaar und Trauzeugen)
- [ ] Evtl. (kleiner) Brautstrauß
- [ ] Evtl. Anstecker für den Bräutigam

Kirchliche Trauung

- [ ] Blumenschmuck für den Altar
- [ ] Blumenschmuck für die Brautpaarstühle
- [ ] Blumenschmuck an den Kirchenbänken
- [ ] Blumenschmuck vor der Kirche
- [ ] Blütenblätter für die Blumenkinder
- [ ] Evtl. Blumen für den Haarkranz und Anstecker der Blumenkinder
- [ ] Evtl. Blüten für das Ringkissen
- [ ] Evtl. Roter Teppich
- [ ] Blumenschmuck für das Hochzeitsauto
- [ ] Antennenschleifen für die Autos der Gäste

Blumen und Dekoration

Hochzeitsfeier

- [ ] Tischdeko (Blumen und sonstige Dekoartikel)
- [ ] Saaldeko (Blumen und sonstige Dekoartikel)
- [ ] Evtl. zwei kleine Sträußchen für die Toiletten

Outfit Braut, Bräutigam und Hochzeitsgäste

- [ ] Brautstrauß
- [ ] Blumenanstecker für den Bräutigam
- [ ] Evtl. Blumen für den Braut-Haarschmuck
- [ ] Evtl. kleine Sträußchen für die Brautjungfern
- [ ] Evtl. Blumenanstecker für alle männlichen Hochzeitsgäste

UNSER TIPP

✓ Die Tischdeko sollte nicht zu üppig sein, damit die Sicht auf den gegenüberliegenden Gast nicht versperrt wird. Achten Sie auch darauf, dass genügend Platz für Gläser und Geschirr übrig bleibt.

✓ Passen Sie auf bei Blumen mit starken Gerüchen (z.B. Lilien). Diese sollten Sie nur sehr sparsam verwenden.

✓ Wenn Sie Gräser und abgeschnittene Zweige mit in Ihrer Deko verwenden möchten, dann achten Sie auf gängige Allergien (z.B. kein Haselnussstrauch verwenden).

✓ Falls Sie etwas für die Deko ausleihen werden (Stuhlhussen, Kerzenständer, etc.), dann schauen Sie sich doch am besten die Checkliste auf Seite 140 an und tragen dort alles ein.

€ Scheuen Sie sich nicht, Bekannte und Freunde zu fragen, ob diese Dekoartikel (z.B. Vasen, Kerzenständer, etc.) an Sie kostenlos verleihen. Auch an den Kleinigkeiten kann viel Geld gespart werden.

€ Nehmen Sie Schlussverkäufe wahr. Sie bekommen z.B. Kerzen nach Weihnachten viel günstiger und auch Herzdeko können Sie nach dem Valentinstag oder Muttertag mit großem Preisnachlass erwerben.

€ Wählen Sie Ihre Gastgeschenke so, dass diese Teil der Hochzeitsdekoration sind. So sparen Sie Kosten. Das können z.B. kleine Blumen mit dem Namen der Gäste sein oder kleine Vasen, in die Sie schöne Kärtchen mit den Namen der Gäste stecken können. So sind Ihre Gastgeschenke gleichzeitig Tischdekoration und Platzkarten.

To Do Blumen und Dekoration

☐ Ideen sammeln (z.B. unter www.hochzeitsportal24.de/galerien)

☐ Auswahl treffen

☐ Infos für den Florist zusammenstellen

    ☐ Tischanzahl

    ☐ Tischgröße und Tischform

    ☐ Stil der Hochzeit

    ☐ Gewünschte Farben

Fragen an den Floristen

☐ Haben Sie Bilder von Hochzeiten, die Sie dekoriert haben?

☐ Wie viel Erfahrung haben Sie mit Hochzeiten oder Feiern in unserem Stil bzw. unserer Größe?

☐ Haben Sie unsere Location/Kirche schon einmal dekoriert?

☐ Haben Sie einen bestimmten Stil?

☐ Wann wird die Deko gemacht?
Falls am Tag vorher: Wie wird es gelagert?

☐ Welche Blumen sind zur Zeit der Hochzeit am günstigsten?

☐ Können Sie uns etwas zur Bedeutung der Blumen sagen?

☐ Können ausgewählte Blumen auch zu einer nicht üblichen Jahreszeit bestellt werden?

☐ Haben Sie andere Dekoartikel (Roter Teppich, Kerzenleuchter, etc.) zur Miete?
Falls ja, zu welchem Preis?

☐ Können wir bei Ihnen auch die Blumenkörbchen für die Blumenkinder ausleihen?
Falls ja, zu welchem Preis?

Blumen und Dekoration

☐ Können Sie mit unserem Konditor arbeiten, falls wir echte Blumen auf der Torte wollen? Sind diese Blumen pestizidfrei?

☐ Können die Blumen der Kirchendeko für die Saaldeko verwendet werden?

☐ Hilft jemand beim Anbringen der Dekoration der Location oder müssen wir das selbst machen?

☐ Ist die Anlieferung und Anbringung im Preis inkl.?

☐ Was kosten die Blumenelemente und was kann wann abgeholt werden bzw. wird wann geliefert? *Halten Sie auch Art und Menge der Blumen schriftlich fest!*

☐ Welche Vasen, etc. sind nur gemietet und müssen zurückgebracht werden?

☐ Wie lange sind die gewünschten Blumen haltbar? Muss das Wasser während der Feier nachgefüllt werden?

☐ Wie kann man den Autoschmuck befestigen?

☐ Wie schnell darf man mit dem Autoschmuck fahren?

☐ Wann ist die Zahlung fällig?

UNSER TIPP

✓ Möchten Sie am Abend Ihren Brautstrauß werfen, Ihren aber nicht unbedingt hergeben? Dann lassen Sie sich am besten für diesen Brauch einen zweiten kleinen Brautstrauß anfertigen.

✓ Wenn der Brautstrauß getrocknet werden soll, dann sollten entsprechende Pflanzen ausgesucht werden. Teilen Sie evtl. diesen Wunsch Ihrem Floristen mit.

✓ Der Anstecker wird auf der linken Seite angesteckt (vom Bräutigam aus gesehen).

✓ Die Frische der Blumen ist sehr wichtig, besonders bei heißem Wetter. Benutzen Sie keine Gefäße, die nur wenig Wasser beinhalten können.

✓ Nehmen Sie Servietten, Brautkleidstoffmuster, Kerzen, etc. zum Floristen mit, damit alles farblich aufeinander abgestimmt werden kann.

€ Evtl. können Sie bestimmte Arbeiten selbst übernehmen (z.B. Anbringen der Kirchendeko, etc.), um Geld zu sparen.

@ Schöne Beispielbilder, die Sie im Internet finden, können Sie übersichtlich auf www.pinterest.com sammeln.

Blumen- und Dekoideen

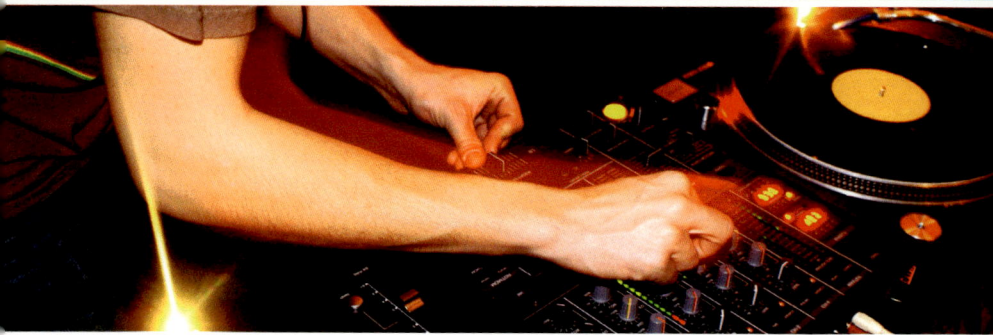

Die Musik trägt entscheidend zur gesamten Stimmung der Feier bei. Sie können die Musik selbst organisieren, eine Liveband spielen lassen oder einen DJ beauftragen. Falls Sie sich noch nicht für eine der Möglichkeiten entschieden haben, können Ihnen die folgenden Listen evtl. bei der Entscheidung helfen.

Vorteile der Livemusik

- Livemusik erzeugt schneller Stimmung
- Gute Bands sind flexibel und können sowohl langsame Hintergrundmusik als auch Partymusik spielen
- Evtl. kann die Band die Moderation übernehmen
- Evtl. ist die Technik im Preis inklusive
- Eine reine Akustik-Band kann auch bei weniger Platz und Lautstärkeeinschränkung eingesetzt werden

Vorteile eines DJs

- Ein DJ kann die Musik an die Stimmung anpassen
- Ein DJ hat meist eine wesentlich größere Musikdatenbank als eine Privatperson
- Mehr Musikstile als bei einer Band möglich
- Evtl. ist die Moderation über den DJ möglich, falls er nicht nur für den späten Abend gebucht wird
- Keine Spielpausen notwendig
- Im Gegensatz zu einer Band hat ein DJ meist kein zeitliches Limit (solange gezahlt wird), da es für Live-Musiker wesentlich anstrengender ist und deshalb die Bandmitglieder viel schneller müde werden
- Weniger Platzverbrauch als bei einer großen Band
- In den meisten Fällen wird die Technik mitgeliefert
- Ein DJ ist meistens günstiger als eine Band

Vorteile der selbst organisierten Musik (MP3-Playliste)

- Sehr viel günstiger als Band oder DJ, da nicht nur die Gage, sondern auch Essen und Getränke gespart werden

- Mit genügend Vorbereitung kann die Musik für den Abend fast genauso gut sein wie bei einem DJ

- Mit guten Playlisten kann man genau steuern, welche Lieder man bei der Hochzeit hören möchte und kann somit auch schnell auf die Stimmung eingehen

- Keine Spielpausen

- Geringster Platzverbrauch

Machen Sie Ihre Entscheidung nicht ausschließlich von der Anzahl der Vor- und Nachteile abhängig. Entscheiden Sie nach dem, wie Sie sich Ihre eigene Hochzeit vorstellen und was die Gegebenheiten (Budget, Location, Stil der Hochzeit) zulassen.

To Do Musik selbst organisieren

☐ Lieder auswählen bzw. Playlisten erstellen für:

    ☐ Essen (leichte Hintergrundmusik z.B. Jazz oder andere unaufdringliche Musik)

    ☐ Anschneiden der Hochzeitstorte

    ☐ Hochzeitstanz

    ☐ Tanzen/Party

☐ Evtl. Technik und Lichtanlage organisieren

☐ Abspielgerät (z.B. Laptop) an Boxen anschließen

UNSER TIPP

❗ Testen Sie rechtzeitig alle Anschlüsse für die Technik und besorgen Sie gegebenenfalls fehlende Kabel.

❗ Nehmen Sie vorsichtshalber einen Ersatzlaptop oder ein Smartphone/iPod zur Hochzeit mit. Bereiten Sie das Ersatzabspielgerät mit den gleichen Liedern und Playlisten vor.

✔ Bestimmen Sie eine Person, die die Musik überwacht und bei Bedarf an die Stimmung anpasst. Weisen Sie diese Person auch rechtzeitig in die vorhandene Technik und die gewünschten Playlisten ein.

✔ Die Playlisten sollten flexibel sein und mehrere Musikstile beinhalten, damit die Musik an die Stimmung angepasst werden kann und jeder etwas hört, das er mag.

✔ Sie haben zu wenig Auswahl an passenden Liedern? Fragen Sie doch einfach Freunde und Bekannte, ob diese Ihr Repertoire mit guten Liedern erweitern können.

Allgemeine Fragen an DJ bzw. Band

☐ Haben Sie am Tag der Hochzeit einen Termin frei?

☐ Auf wie vielen Hochzeiten haben Sie schon gespielt?

☐ Können wir eine Liste mit unseren Lieblingsliedern erstellen?

☐ Können die Gäste sich Lieder wünschen?

☐ Gibt es eine Liederliste zur Auswahl?

☐ Wie groß ist das Repertoire der Lieder?
Welche Musikstile haben Sie hauptsächlich?

☐ Wann bauen Sie auf?
Termin mit der Location abklären!

☐ Was benötigen Sie an Technik?
Bringen Sie Ihre eigene Anlage mit?

☐ Brauchen Sie besondere technische Voraus-setzungen (Starkstromanschlüsse, etc.)?

☐ Wie viel Platz benötigen Sie?

☐ Welche Kleidung werden Sie an der Hochzeit tragen?

☐ Essen Sie bei der Feier mit?

☐ Übernehmen Sie auch die Moderation?

☐ Wird nur Musik gemacht oder auch geredet bzw. Stimmung gemacht?

☐ Was kostet es? Wie viele Stunden sind inklusive und was kosten weitere Stunden?

☐ Sind die Reisekosten inklusive?

☐ Wann ist die Zahlung fällig?

☐ Bis wann ist eine kostenlose Stornierung möglich?

☐ Gibt es einen Ersatz, falls Sie krank werden?

☐ Können wir Sie bei einem anderen Event live sehen?

Musik

Spezielle Fragen an den DJ

☐ Falls spezielle Lieder gewünscht werden:
Müssen diese zur Verfügung gestellt werden?

☐ Besitzen Sie genügend Ersatzequipment, falls
etwas kaputt geht?

Spezielle Fragen an die Band/Musiker

☐ Wie lange am Stück spielen Sie? Wie oft sind
Pausen eingeplant (und wie lange dauern diese)?

☐ Wird auch während den Pausen Musik gespielt
(Playback)?

☐ Machen alle Musiker gleichzeitig Pause?

☐ Wie viele Musiker werden auftreten?
Welche Instrumente werden gespielt?

☐ Kann auch ein individueller Song einstudiert
werden („unser Lied")?

☐ Werden Stühle benötigt? Falls ja, wie viele?

Fragen an den Technikverleih

☐ Gibt es einen Notfalldienst, falls etwas nicht
funktionieren sollte? *Nummer auf Seite 133 aufschreiben!*

☐ Wird die Technik geliefert?

☐ Wann wird auf- bzw. abgebaut?
Termin mit er Location abklären!

☐ Ist der Auf-/Abbau im Preis enthalten?

☐ Wann wird eingewiesen?

☐ Welche Stromanschlüsse, etc. werden benötigt?

✓ Geben Sie dem DJ bzw. der Band nicht nur vor, welche Musik Sie
haben wollen, sondern auch eine Liste der Lieder, die sie auf keinen
Fall hören möchten.

✓ Buchen Sie möglichst keinen Musik-Dienstleister, den Sie nicht live erlebt
haben. Video- und Tonaufnahmen sind oft nur die besten Ausschnitte eines
Auftrittes oder sogar Studioaufnahmen, die technisch nachbearbeitet wurden.

UNSER TIPP

Hochzeitsfotos und -Video

Allgemeine Fragen an den Fotograf/Videograf

- ☐ Haben Sie am Tag der Hochzeit einen Termin frei?
- ☐ Auf wie vielen Hochzeiten konnten Sie schon Erfahrungen sammeln?
- ☐ Welche Kosten werden auf uns zukommen?
- ☐ Sind Fahrt-, Bearbeitungs- und Materialkosten im Preis enthalten?
- ☐ Wie lange sind Sie vor Ort und wie werden Überstunden berechnet?
- ☐ Bieten Sie auch eine Hochzeitsreportage an (inkl. der Vorbereitung am Tag der Hochzeit)?
- ☐ Kommen Sie alleine oder zu zweit?
- ☐ Wird mit einer oder mehreren Kameras gearbeitet?
- ☐ Wie ist ihr Stil?
- ☐ Welche Kleidung werden Sie tragen?
- ☐ Essen Sie bei der Feier mit?
- ☐ Gibt es ein Ersatzteam, falls Sie am Tag der Hochzeit krank sind?
- ☐ Bis wann kann kostenlos storniert werden?

Spezielle Fragen an den Fotograf

- ☐ Welche Ausrüstung haben Sie?
- ☐ Kennen Sie sich an der Location aus? Wo können gute Fotos gemacht werden?

Hochzeitsfotos und -Video

- [ ] Falls nicht, sind Sie bereit früher zu kommen, um nach geeigneten Orten für Fotos zu schauen?
- [ ] Wie viel Zeit planen Sie für die Brautpaarbilder ein?
- [ ] Können auch noch weitere Gruppenbilder gemacht werden? (z.B. Gruppenbild mit allen Hochzeitsgästen, nur mit Eltern/Trauzeugen/Geschwistern, etc.)
- [ ] Gibt es die Bilder nur ausgedruckt oder zur weiteren Vervielfältigung auch auf CD/DVD?
- [ ] Können weitere Abzüge bestellt werden? Falls ja, zu welchem Preis?
- [ ] Werden nur die besten Bilder geliefert oder auch die anderen (unbearbeiteten)?
- [ ] Bieten Sie auch ein komplettes Fotoalbum an? Falls ja, zu welchem Preis?
- [ ] Bis wann werden die bearbeiteten Bilder fertig sein?

Spezielle Fragen an den Videograf

- [ ] Welche Ausrüstung haben Sie?
- [ ] Kann der Ton mit einem externen Mikrofon aufgenommen werden (bessere Tonqualität)?
- [ ] In welchem Videoformat/Qualität wird das Video später sein?
- [ ] Haben Sie ein Video einer Hochzeit, die unserer geplanten Hochzeit ähnlich ist?
- [ ] Können wir selbst entscheiden, was ins Hochzeits-Video kommt?
- [ ] Gibt es einen kürzeren Film mit den Highlights?
- [ ] Wählen Sie selbst die Musik aus? Können wir uns bestimmte Lieder wünschen?
- [ ] Können eigene Bilder oder Videoaufnahmen (Verlobung, Flitterwochen, etc.) mit eingebaut werden?
- [ ] Wird auch Rohmaterial geliefert?
- [ ] Bis wann ist das fertig zugeschnittene Video fertig?
- [ ] Dürfen Kopien davon gemacht werden? Falls nicht, was kosten weitere Kopien?

To Do Hochzeitsfotos und -Video

☐ Ideen und Anregungen sammeln

☐ Stil recherchieren – was gefällt uns?

☐ Ablauf und wichtige Ereignisse der Hochzeit aufschreiben und dem Fotograf/Videograf geben (Trauzeuge sollte dem Dienstleister evtl. geplante Überraschungen mitteilen)

☐ Schöne Plätze für die Hochzeitsbilder bzw. -Video finden

☐ Dienstleister über besondere Lichtverhältnisse informieren (z.B. wenn in der Kirche wenig Licht ist oder wenn am Abend nur Kerzenschein geplant ist)

☐ Evtl. nach der Hochzeit ein Fotobuch erstellen

UNSER TIPP

✓ Lassen Sie sich vom Fotograf/Videograf eine ganze Hochzeit zeigen, nicht nur die besten Bilder/Videoausschnitte von 10 verschiedenen Hochzeiten. Nur so können Sie überprüfen, ob die gesamte Qualität stimmt.

✓ Geben Sie dem Fotograf/Videograf einen Ausdruck mit Namen und Bildern der wichtigsten Personen (Familie, Trauzeugen, etc.). So kann der Dienstleister sich diese Personen vorab besser einprägen und z.B. darauf achten, dass Ihre Familie auch auf jeden Fall von der Kamera festgehalten wird. Alternativ kann auch eine Person für ein paar Minuten dem Fotograf/Videograf folgen und immer die wichtigsten Personen zeigen.

✓ Beauftragen Sie eine Person, die am Hochzeitstag einen Laptop mitbringt. Dann kann diese Person am Ende alle Bilder von den Kameras der Hochzeitsgäste sammeln und so die schönsten Bilder für Sie zusammenstellen. Das ist wesentlich einfacher, als die Bilder dann im Nachhinein mühsam von den Gästen anzufordern.

✓ Falls die Zeit am Hochzeitstag sehr knapp ist, können die Hochzeitsfotos auch vor der Trauung oder nach der Hochzeit gemacht werden.

@ Fotos können Sie kostengünstig und professionell unter www.glamya.com bearbeiten lassen. Dies bietet sich vor allem für Bilder an, die Sie auf der Dankeskarte verwenden oder als großes Bild aufhängen möchten.

€ Organisieren Sie einen professionellen Fotografen für die Brautpaarbilder und die Gruppenbilder (für ca. 1-2 Stunden). Darüber hinaus am besten 3-4 weitere (zuverlässige!) Hobbyfotografen für die Trauung und das Fest anheuern. Auf keinen Fall sollten Sie ganz auf einen professionellen Fotografen verzichten, das wird später zu 99% von den Brautpaaren bereut!

Fragen an den Autoverleih

☐ Welche Autos/Limousinen/Kutschen etc. haben Sie im Angebot?	
☐ Welche Autos sind am Tag der Hochzeit noch nicht vergeben?	
☐ Wer darf mit dem Auto fahren? Ist ein Chauffeur dabei? Wie ist der Fahrer gekleidet?	
☐ Kennt sich der Fahrer in der Region aus?	
☐ Wie darf der Autoschmuck befestigt werden? Magnet, Saugbefestigung?	
☐ Holen Sie den Autoschmuck bei unserem Floristen ab? Falls ja, wann? *Klären Sie den Termin auch mit Ihrem Floristen ab*	
☐ Was kostet die Miete? Was ist inklusive, was kostet extra?	
☐ Wie viele km sind inkl.? Gibt es extra Anfahrtskosten?	
☐ Wie viele Stunden sind inkl? Was kostet eine extra Stunde bei Verzögerungen?	
☐ Bietet das Auto genug Platz für das Brautkleid?	
☐ Bei Kutsche: Falls es regnen sollte, gibt es einen Regenschutz oder eine Alternative zur Kutsche?	
☐ Bei Limo: Wie viele Personen können bequem darin sitzen (Brautkleid nimmt Platz!)?	
☐ Ist das Auto bei Schäden durch das Brautpaar oder Gäste versichert?	

Hochzeitsauto

☐ Gibt es ein Ersatzauto, falls eine Panne oder ein Unfall kurz vor der Hochzeit passiert?

☐ Wann ist die Zahlung fällig?

☐ Bis wann kann die Buchung kostenlos storniert werden?

☐ Können wir das Auto bzw. die Autos anschauen?

To Do Hochzeitsauto

☐ Machen Sie sich darüber Gedanken, welchen Autotyp Sie wollen (Cabrio, Oldtimer, Limousine, Kutsche, etc.)

☐ Heimfahrt/Fahrt zum Hotel nach der Feier organisieren, falls das Hochzeitsauto dann nicht mehr zur Verfügung steht

☐ Falls einer von Ihnen mit dem eigenen Auto zur Kirche gefahren ist: Jemanden organisieren, der das Auto mit zur Feier oder wieder nach Hause fährt

☐ Evtl. weitere Dekoelemente besorgen (Just-married-Schild, Hochzeitsdosen, etc.)

UNSER TIPP

✓ Wenn Sie das eigene Auto als Hochzeitsauto verwenden werden: Vergessen Sie nicht, das Auto zu waschen (Helfer?) und rechtzeitig voll zu tanken!

✓ Falls Sie den Blumenschmuck während der Fahrt von der Kirche zur Location nicht vom Hochzeitsauto abnehmen möchten, sollten Sie evtl. eine längere Fahrtzeit einplanen (Geschwindigkeitsvorgaben des Floristen beachten!).

✓ Laut Brauch bringt es Unglück, wenn der Bräutigam das Hochzeitsauto selbst fährt!

✓ Nehmen Sie eine CD Ihrer Lieblingsmusik mit, um auf der Fahrt von der Trauung bis zur Location so richtig entspannen zu können.

€ Fragen Sie in Ihrem Bekanntenkreis nach, wer ein schönes Auto hat, das als Hochzeitsauto verwendet werden könnte. So müssen Sie auch bei einem knappen Budget nicht auf das Hochzeitsauto verzichten.

Essen und Getränke

An das Hochzeitsessen werden sich Ihre Gäste noch lange erinnern. Ob Sie sich für ein Menü oder ein Buffet entscheiden, hängt stark von Ihren Vorlieben und der Gästeanzahl ab. Hier haben wir Ihnen die Vorteile von Buffet und Menü aufgelistet, um Ihnen die Entscheidung zu erleichtern.

Vorteile Buffet

- Mehr Auswahl für die Gäste
- Jeder kann sich nehmen, so viel er möchte
- Einfacher bei Vegetariern, Muslimen, Allergikern, etc.
- Kommunikativer, da beim Anstehen schon miteinander gesprochen wird
- Generell lockere Stimmung, da auch mehr Bewegung im Saal ist
- Kein/weniger Servicepersonal nötig
- Meist günstiger
- Leicht umzusetzen (auch bei größerer Gästeanzahl)
- Auch bei Locations ohne eigene Küche möglich

Vorteile Menü

- Geringer Platzbedarf, da kein Tisch für das Buffet benötigt wird
- Keine Anstehzeiten
- Festlicheres/eleganteres Flair
- Mehr Spannung – Wie sieht der nächste Gang aus?

! Wenn Sie sich bei kleinen Feiern im Restaurant überlegen, die Gäste à la carte bestellen zu lassen, dann sollten Sie bedenken, dass die Kosten für Sie wesentlich schlechter zu planen sind.

Fragen an das Catering

Essen

- [ ] Haben Sie am Tag der Hochzeit einen Termin frei?
- [ ] Gibt es eine Mindestpersonenanzahl?
- [ ] Wie lange kochen Sie schon für Hochzeiten?
- [ ] Bieten Sie nur Buffet oder auch serviertes Essen an?
- [ ] Falls Restaurant: Wer ist der Koch an dem Tag?
- [ ] Kann das Menü selbst zusammengestellt werden oder gibt es feste Vorgaben?
- [ ] Bringen Sie Servicepersonal mit, welches das Essen serviert und den Tisch wieder abräumt bzw. Getränke serviert? Falls ja:
    - [ ] Ist das Trinkgeld inklusive?
    - [ ] Wie viele Stunden sind inklusive? Was kostet eine Verlängerungsstunde?
    - [ ] Wer koordiniert die Servicekräfte am Hochzeitstag?
    - [ ] Wie viele Gäste werden von einer Servicekraft bedient?
- [ ] Müssen eigene Küchenhelfer organisiert werden?
- [ ] Unser Budget ist X, was ist ihr Vorschlag dazu?
- [ ] Gibt es einen Rabatt für Kinder?
- [ ] Gibt es ein besonderes Essen für die Kinder (z.B. Pommes)?
- [ ] Gibt es auch etwas für Vegetarier/Diabetiker? *Am besten Personenanzahl gleich mitteilen*
- [ ] Bei Menü: Wird das Essen serviert oder wird das Essen auf den Tischen verteilt?
- [ ] Sind spezielle Familienrezepte möglich?
- [ ] Bis wann muss die genaue Gästeanzahl feststehen?
- [ ] Haben Sie schon einmal an der Location gearbeitet?

Essen und Getränke

☐ Sind Geschirr, Besteck und Tischdecken inklusive oder kann man diese bei Ihnen mieten?	
☐ Wann werden Töpfe etc. wieder abgeholt? Wer ist für die Reinigung zuständig?	
☐ Müssen wir eine Anzahlung leisten?	
☐ Bis wann muss der Restbetrag überwiesen werden?	
☐ Bis wann ist eine kostenlose Stornierung möglich?	
☐ Ist ein Probeessen möglich? Falls ja, was kostet das und wann können wir vorbeikommen?	

Getränke

☐ Kann auch die Lieferung von den Getränken mitorganisiert werden?	
☐ Ist eine Getränkepauschale möglich?	
☐ Was kostet der Sekt für den Sektempfang oder zum Anstoßen bei der Rede?	
☐ Welche Weine/Spirituosen werden ausgeschenkt?	
☐ Gibt es eine Korkgebühr für eigene Getränke? Falls ja, wie hoch ist diese Gebühr?	
☐ Können Sie auch Cocktails anbieten?	

UNSER TIPP

✓ Beim Probeessen bietet es sich sehr gut an, auch gleichzeitig die Weinauswahl zu bestimmen.

✓ Meistens isst das Brautpaar vor lauter Aufregung am Hochzeitstag sehr wenig. Lassen Sie sich doch etwas von dem Essen beiseite legen (evtl. einfrieren), damit Sie am Tag nach der Hochzeit oder nach den Flitterwochen noch etwas davon genießen können.

€ Falls Sie die Getränke selbst organisieren können, ist es am besten, diese auf Kommission zu kaufen – dann ist von allem genügend da und man kann alle unangebrochenen Kästen oder evtl. sogar Flaschen wieder zurückgeben.

€ Bieten Sie als Heißgetränke nur Kannen-Kaffee (statt Cappuccino und Latte Macchiato) an, das ist wesentlich günstiger.

€ Bei vielen trinkfreudigen Gästen ist eine Getränkepauschale meist viel günstiger. Außerdem können Sie dann vorab besser die Kosten einschätzen.

€ Es ist nicht unüblich, dass Hochprozentiges von den Gästen selbst gezahlt werden muss. So läuft Ihr Getränkebudget nicht aus dem Ruder. Alternativ kann die Bar auch zur späteren Stunde geschlossen werden.

Fragen an den Konditor

- [ ] Können Sie uns Beispiele von bisherigen Torten zeigen?
- [ ] Haben Sie Preisbeispiele für eine Torte, die zu unserer Gästeanzahl passt?
- [ ] Bis wann müssen wir bestellen?
- [ ] Welche Geschmackskombinationen bieten Sie an? Sind auch mehrere Kombinationen möglich (evtl. auf unterschiedlichen Etagen)?
- [ ] Welche Kuchendekorationen verwenden Sie?
- [ ] Arbeiten Sie auch mit echten Blumen? Wenn ja, sind diese Blumen frei von Pestiziden?
- [ ] Arbeiten Sie auch mit gezuckerten Früchten?
- [ ] Bieten Sie auch ein Torten-Testen an?
- [ ] Sind Lieferung und Aufbau inklusive? Falls nein, wie hoch sind die Gebühren?
- [ ] Falls nicht geliefert wird, wie kann die Torte transportiert werden? Wann kann sie abgeholt werden?
- [ ] Ist die Miete des Tortenständers im Preis inklusive?
- [ ] Können Sie auch eine Torte nach unseren Vorgaben backen?
- [ ] Haben Sie als Tortenfigur auch ein Brautpaar, das uns ähnlich sieht?
- [ ] Welche Tortenformen bieten Sie an (flach, eckig, selbsttragend, mehrstöckig, etc.)?

To Do Hochzeitstorte

☐ Tortenfigur auswählen/bestellen

☐ Überlegen Sie, welchen optischen Stil und welche Farbnuancen Sie möchten

☐ Entscheiden Sie, ob Sie eher eine fruchtige oder eine cremige Hochzeitstorte möchten
Welche Geschmacksrichtungen kommen in Frage?

☐ Überprüfen Sie die Gästeliste auf die Gästeanzahl, bevor Sie die Torte in Auftrag geben

☐ Organisieren Sie eine Person, die nach dem Anschneiden der Hochzeitstorte das Schneiden der weiteren Stücke für Sie übernimmt
Sie wollen ja keine halbe Stunde damit verbringen

UNSER TIPP

✓ Wer beim gemeinsamen Anschneiden der Hochzeitstorte die Hände oben hat, der wird laut Brauch in der Ehe das Sagen haben. Passen Sie aber evtl. bei einem Kampf um die Oberhand auf, dass die Torte nicht aus Versehen beschädigt wird.

✓ Nach einem englischen Brauch wird die oberste Tortenetage aufgehoben (für die Taufe des ersten Kindes). Wichtig dabei ist, dass alles genau abgeklärt ist, damit die Torte schnell eingefroren wird. Beste Methode: Torte in Folie einpacken, in eine Tupperdose legen und diese dann noch mit Alufolie umwickeln (wg. Licht). Sagen Sie für diesen Brauch Ihrem Konditor Bescheid, damit bei dieser Etage nur Zutaten verwendet werden, die sich auch gefroren lange halten.

✓ Rosenöl und Mandeln sind Zutaten für Marzipan. Daher steht Marzipan traditionell für Liebe (Rosen) und Glück (Mandel).

❗ Falls Sie die Torte selbst zur Location fahren möchten, sollten Sie darauf achten, dass die Torte gut verstaut, sowie die Straße gut befahrbar ist (Schlaglöcher?) und dass das Auto (besonders im Sommer) über die Klimaanlage die Temperatur niedrig halten kann.

€ Lassen Sie die Torte von einer Hobbybäckerin im Bekanntenkreis backen. Alternativ können Sie auch nur eine kleine Hochzeitstorte in Auftrag geben und viele weitere Torten/Kuchen von den Gästen mitbringen lassen.

Notizen

_____

_____

_____

_____

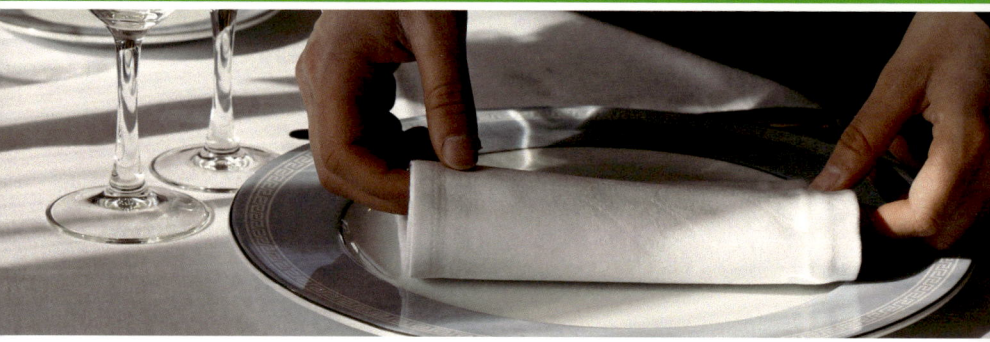

Checkliste Aufbau

Folgendes muss mitgebracht/aufgebaut werden

- [ ] Tische für die Gäste mit folgenden Dingen:
  - [ ] Tischdeko/Blumendeko
  - [ ] Tischkarten
  - [ ] Menükarten
  - [ ] Tisch- und Sitzplan
  - [ ] Evtl. Kerzen, Kerzenständer und langstielige Feuerzeuge
  - [ ] Evtl. Tischdecken und Servietten
  - [ ] Evtl. Geschirr und Besteck
- [ ] Weitere Tische für das Buffet, die Hochzeitstorte, etc.
- [ ] Weitere Tische für die Geschenke
- [ ] Stühle
  Baby- und Kinderstühle nicht vergessen!
- [ ] Evtl. Stuhlhussen
- [ ] Notfall-Box für die Hochzeitsgäste
- [ ] Wegweiser und Befestigungsmaterial (Kabelbinder, etc.)
- [ ] Gästebuch und Stifte
- [ ] Spiel- und Malzeug für Kinder
- [ ] Lichterketten/Girlanden/Saaldeko und Befestigungsmaterial
- [ ] Technik und Lichtanlage
- [ ] Vase für den Brautstrauß

☐ Evtl. Gastgeschenke auf die Plätze legen

☐ Evtl. Material für Überraschungen (z.B. Feuerwerk, etc.)

☐ Evtl. Musikinstrumente aufbauen

☐ Evtl. Aschenbecher aufstellen

☐ Evtl. Getränke kaltstellen

☐ Evtl. Hochzeitstorte und Kuchen kühl lagern

Checkliste Abbau

Folgendes muss abgebaut/geputzt werden

☐ Wegweiser abbauen

☐ Technik und Lichtanlage abbauen

☐ Tische abräumen und evtl. putzen

☐ Evtl. Stuhlhussen und Tischdecken abziehen

☐ Ausgeliehene Sachen putzen und zur Rückgabe vorbereiten/abzählen
(siehe auch Checkliste Seite 140)

☐ Küche

    ☐ Geschirr, Besteck, Töpfe, Vasen, Aschenbecher, etc. putzen und aufräumen

    ☐ Kühlschrank leer räumen und evtl. ausschalten

    ☐ Mülleimer leeren und Müll mitnehmen oder entsorgen

    ☐ Arbeitsflächen abwischen und Küche sauber hinterlassen

☐ Evtl. Tische und Stühle abbauen

☐ Evtl. Saal und Toiletten putzen

☐ Evtl. übrig gebliebene Getränke mitnehmen oder abholen lassen

UNSER TIPP

✓ Lassen Sie sich von der Location eine genaue Checkliste geben, was Sie beim Abbau alles beachten müssen.

✓ Falls Sie direkt nach der Hochzeit in die Flitterwochen fahren, können Sie die Tisch- bzw. Blumendeko (ohne gemietete Elemente) auch am Ende der Feier den Gästen mitgeben – diese werden sich bestimmt darüber freuen.

✓ Bringen Sie zum Abbau am besten verschiedenfarbige Mülltüten mit. Dann können Sie den Müll vor Ort gleich trennen.

Notizen

Hochzeitsreise

Fragen an das Reisebüro

- ☐ Können Sie uns besondere Ziele empfehlen? Warum gerade diese Ziele?

- ☐ Wie ist das Reisezielwetter?

- ☐ Sind diese Hotels auf Hochzeitsreisende spezialisiert bzw. gibt es spezielle Angebote?

- ☐ Gibt es eine Honeymoonsuite? Falls ja, wie viel kostet diese?

- ☐ Was ist alles im Preis inklusive?

- ☐ Welche Angebote (z.B. Wandern, Tauchen, etc.) gibt es vor Ort? Wie hoch sind die Kosten?

- ☐ Ist das Hotel für Pärchen geeignet? *Sie möchten ja nicht ununterbrochen von schreienden Kindern oder Partyleuten umgeben sein*

- ☐ Gibt es einen Frühbucherrabatt?

- ☐ Wann ist die Zahlung fällig?

- ☐ Bis wann kann storniert werden? Welche Kosten entstehen dabei?

- ☐ Ist ein Visum notwendig?

- ☐ Welche Impfungen sind für dieses Reiseland empfehlenswert?

- ☐ Wie ist die Sicherheit am gewünschten Ort? Darf das Wasser/Essen problemlos getrunken bzw. gegessen werden?

- ☐ Dürfen wir ein paar Kataloge/Prospekte zur Auswahl mit nach Hause nehmen?

Hochzeitsreise

✔ Klären Sie rechtzeitig ab, ob Sie Ihren Reisepass mit dem neuen Namen pünktlich zur Hochzeitsreise erhalten oder buchen Sie die Reise vorsichtshalber mit dem alten Namen.

✔ Teilen Sie es dem Reisebüro mit, falls Sie auf besondere Ausstattungen angewiesen sind (z.B. ein behindertengerechtes Zimmer, Kühlschrank für Medikamente, Arzt in der Nähe, etc.)

✔ Eine Kopie des Passes als Online-Speicherung (z.B. im E-Mail Postfach) erspart sehr viel Zeit und Ärger, falls Sie Ihre Unterlagen unglücklicherweise verlieren sollten.

€ Manche Reisebüros bieten es an, dass die Reise über ein Hochzeitspuzzle von den Gästen mitfinanziert werden kann. Die Gäste kaufen dann ein Puzzleteil im Reisebüro und helfen Ihnen somit dabei, Ihre Traumreise zu verwirklichen.

€ Fragen Sie immer nach, ob es ein kostenloses Upgrade für Honeymooners gibt. Besonders Airlines und Hotels sind hier gern spendabel. Wer nicht fragt, wird auch nichts bekommen. Nehmen Sie aber vorsichtshalber eine Kopie der Eheurkunde mit.

€ Bei besonderen Inselzielen (z.B. Malediven) sind die Kosten für Essen und Getränke meist extrem hoch (bei manchen Inseln gibt es nur 1 Restaurant zur Auswahl). Oft kann dann ein All-Inclusive Angebot wesentlich günstiger sein.

@ 7 Tipps für günstige Flitterwochen: www.100checklisten.de/spartipps-flitterwochen

To Do Hochzeitsreise

☐ Entscheiden Sie, welche Art von Urlaub Sie sich wünschen
Strandurlaub, Städteurlaub, Actionurlaub, Kreuzfahrt, etc.

☐ Auslandskrankenversicherung abschließen (falls Reiseziel außerhalb der EU)

☐ Evtl. Reiserücktrittsversicherung abschließen

☐ Evtl. Geld in ausländischer Währung besorgen

☐ Evtl. internationalen Führerschein beantragen

☐ Jemanden organisieren, der Wohnung/Haus betreut
Blumen gießen, Haustiere füttern, Briefkasten leeren, evtl. Haussitter, etc.

☐ Reiseunterlagen zusammenstellen
Personalausweis oder Reisepass, Flug- oder Bahntickets, Reservierungsbestätigungen, etc.

☐ Über Reiseland informieren und evtl. Reiseführer besorgen

☐ Kamera überprüfen/besorgen, evtl. Einweg-Unterwasserkamera kaufen
Vergessen Sie nicht, einen weiteren Akku/Speicherchip mitzunehmen!

☐ Evtl. Zeitung abbestellen

☐ Transport von/zum Flughafen organisieren

☐ Reisepackliste erstellen und Reiseapotheke auffüllen

UNSER TIPP

Checkliste nach der Hochzeit

☐ Ausgeliehene Sachen zurückgeben
Siehe Checkliste Seite 140

☐ Offene Rechnungen begleichen
(Dienstleister, Location, etc.)

☐ Geschenke auspacken
In der Gästeliste auf Seite 34 eintragen, wer was geschenkt hat.
Dies ist sehr hilfreich für die persönlichen Worte auf den Dankeskarten!

☐ Dankeskarten drucken lassen und versenden
Siehe Checkliste Seite 52

☐ Namensänderung mitteilen
Siehe Checkliste Seite 129

☐ Evtl. Trash-the-Dress Fotos machen
Trash-the-Dress sind ausgefallene Hochzeitsfotos in außergewöhnlichen Umgebungen, z.B. in einem See,
in einer alten Fabrik, vor einer Graffitiwand, auf alten Bahngleisen, etc.

☐ Brautkleid und Hochzeitsanzug reinigen lassen

☐ Evtl. Brautkleid verkaufen oder umnähen lassen

☐ Steuerklasse ändern

☐ Bilder von der Hochzeit bearbeiten lassen und evtl. entwickeln lassen

☐ Hochzeitsfotoalbum gestalten

☐ Evtl. Änderung der Bankdaten mitteilen (z.B. bei Ihrem Arbeitgeber, falls das Gehalt
nun auf ein Konto Ihres Ehepartners überwiesen werden soll)

☐ Evtl. Termin beim Notar für Generalvollmacht ausmachen
Sehr sinnvoll, da man im Notfall dann auch auf die Konten des Anderen zugreifen kann. Ohne eine
Generalvollmacht oder die Änderung bei der Bank ist dies auch für verheiratete Personen nicht möglich!

☐ Evtl. Termin beim Notar für Testament und/oder Patientenverfügung ausmachen

Namensänderung

Checkliste Namensänderung

- Klingelschild

- Briefkasten
  Sie sollten vorübergehend (ca. 2-3 Monate) am besten Ihren neuen und Ihren alten Namen am Briefkasten anbringen. Nur so können Sie sicher sein, dass Ihre Post auch wirklich ankommt.

- Personalausweis

- Reisepass
  Bei Ihrer Hochzeitsreise sollten Sie auf jeden Fall den alten Reisepass mitnehmen, falls Sie Ihre Reiseangaben mit Ihrem alten Namen gemacht haben.

- Führerschein
  Den Führerschein können Sie optional ändern. Eine Pflicht zur Änderung des Namens besteht bisher nicht.

- Krankenkasse
  Ihrer Krankenkasse sollten Sie so schnell wie möglich Bescheid geben, damit Sie bei Bedarf eine neue Krankenkassenkarte erhalten.

- Ärzte
  Bei Ihren Ärzten reicht es vollkommen aus, wenn Sie bei Ihrem nächsten Termin dort die Namensänderung angeben.

- Banken
  Bei Ihrer Bank/Bausparunternehmen/Kreditunternehmen etc. sollten Sie wenn möglich persönlich vorbeigehen. Die meisten Banken möchten eine Kopie der Eheurkunde und eine Kopie des neuen Ausweises. Fordern Sie auf jeden Fall neue Bankkarten/Kreditkarten an.

- Personalbüro Ihres Arbeitgebers

- Kollegen und Geschäftspartner

- Social Communities (z.B. Xing, facebook, etc.)

- Versandhäuser (z.B. Amazon, Ebay, etc.)

- Versicherungen (z.B. Auto, Haftpflicht, etc.)

- Verträge (z.B. Telefon, Handy, Gas, Kaufverträge mit Ratenzahlungen, etc.)

- Mieter/Vermieter

- Vereine

- Sonstige Ausweise (z.B. Bibliotheksausweis, Organspendenausweis, Studentenausweis)

- Neue E-Mail Adresse für offizielle Anlässe (z.B. Bewerbungen) mit Ihrem neuen Namen einrichten

Notizen

Kontaktdaten

Standesamt

Ansprechpartner _____ Telefonnummer _____

Adresse _____

E-Mail _____ Notfallnummer _____

Restaurant nach dem Standesamt

Ansprechpartner _____ Telefonnummer _____

Adresse _____

E-Mail _____ Notfallnummer _____

Kirche/Freier Redner

Ansprechpartner _____ Telefonnummer _____

Adresse _____

E-Mail _____ Notfallnummer _____

Hochzeitslocation

Ansprechpartner _____ Telefonnummer _____

Adresse _____

E-Mail _____ Notfallnummer _____

Kontaktdaten

Musiker für die Trauung

Ansprechpartner _____ Telefonnummer _____

Adresse _____

E-Mail _____ Notfallnummer _____

Musiker/Band/DJ für die Feier

Ansprechpartner _____ Telefonnummer _____

Adresse _____

E-Mail _____ Notfallnummer _____

Technikverleih

Ansprechpartner _____ Telefonnummer _____

Adresse _____

E-Mail _____ Notfallnummer _____

Dekoverleih

Ansprechpartner _____ Telefonnummer _____

Adresse _____

E-Mail _____ Notfallnummer _____

Kontaktdaten

Florist

Ansprechpartner _____ Telefonnummer _____

Adresse _____

E-Mail _____ Notfallnummer _____

Fotograf

Ansprechpartner _____ Telefonnummer _____

Adresse _____

E-Mail _____ Notfallnummer _____

Videograf

Ansprechpartner _____ Telefonnummer _____

Adresse _____

E-Mail _____ Notfallnummer _____

Catering

Ansprechpartner _____ Telefonnummer _____

Adresse _____

E-Mail _____ Notfallnummer _____

Getränkehandel

Ansprechpartner _____ Telefonnummer _____

Adresse _____

E-Mail _____ Notfallnummer _____

Friseur/Make-up Artist

Ansprechpartner _____ Telefonnummer _____

Adresse _____

E-Mail _____ Notfallnummer _____

Brautmodengeschäft

Ansprechpartner _____ Telefonnummer _____

Adresse _____

E-Mail _____ Notfallnummer _____

Herrenausstatter

Ansprechpartner _____ Telefonnummer _____

Adresse _____

E-Mail _____ Notfallnummer _____

Kontaktdaten

Schneiderei

Ansprechpartner _____   Telefonnummer _____

Adresse _____

E-Mail _____   Notfallnummer _____

Druckerei

Ansprechpartner _____   Telefonnummer _____

Adresse _____

E-Mail _____   Notfallnummer _____

Wedding Planner

Ansprechpartner _____   Telefonnummer _____

Adresse _____

E-Mail _____   Notfallnummer _____

Konditorei

Ansprechpartner _____   Telefonnummer _____

Adresse _____

E-Mail _____   Notfallnummer _____

Kontaktdaten

Hochzeitsautoverleih

Ansprechpartner _____ Telefonnummer _____

Adresse _____

E-Mail _____ Notfallnummer _____

Reisebüro

Ansprechpartner _____ Telefonnummer _____

Adresse _____

E-Mail _____ Notfallnummer _____

Hotel für die Gäste

Ansprechpartner _____ Telefonnummer _____

Adresse _____

E-Mail _____ Notfallnummer _____

Hotel für das Brautpaar (Hochzeitsnacht)

Ansprechpartner _____ Telefonnummer _____

Adresse _____

E-Mail _____ Notfallnummer _____

Kontaktdaten

Juwelier

Ansprechpartner _____ Telefonnummer _____

Adresse _____

E-Mail _____ Notfallnummer _____

Sonstiges:

Ansprechpartner _____ Telefonnummer _____

Adresse _____

E-Mail _____ Notfallnummer _____

Sonstiges:

Ansprechpartner _____ Telefonnummer _____

Adresse _____

E-Mail _____ Notfallnummer _____

Sonstiges:

Ansprechpartner _____ Telefonnummer _____

Adresse _____

E-Mail _____ Notfallnummer _____

Kontaktdaten

Sonstiges:

Ansprechpartner _____ Telefonnummer _____

Adresse _____

E-Mail _____ Notfallnummer _____

Sonstiges:

Ansprechpartner _____ Telefonnummer _____

Adresse _____

E-Mail _____ Notfallnummer _____

Sonstiges:

Ansprechpartner _____ Telefonnummer _____

Adresse _____

E-Mail _____ Notfallnummer _____

Sonstiges:

Ansprechpartner _____ Telefonnummer _____

Adresse _____

E-Mail _____ Notfallnummer _____

Fragen an den Mietservice

Bevor Sie bestimmte Artikel bei einem Mietservice bestellen, sollten Sie folgende Fragen abklären, um das Angebot besser einschätzen zu können.

- ☐ Gibt es eine Mindestbestellmenge?
- ☐ Gibt es einen Rabatt ab bestimmten Bestellmengen?
- ☐ Sind die Preise für das ganze Wochenende oder nur für einen Tag?
- ☐ Sind Schäden versichert? Was kostet es, falls etwas kaputt geht?
- ☐ Haben Sie genügend Artikel vorrätig, damit kein Engpass entsteht, falls vor Lieferung etwas kaputt geht oder von anderen Mietern nicht rechtzeitig zurückgebracht wird?
- ☐ In welchem Zustand müssen die Artikel bei der Rückgabe sein?
- ☐ Wird geliefert und wieder abgeholt?

  Falls ja
  - ☐ Wann kann geliefert/abgeholt werden?

  Falls nein
  - ☐ Wann können wir abholen und bis wann muss alles zurück gebracht werden?
- ☐ Gibt es einen Notfallkontakt, falls etwas kaputt geht oder die Lieferung nicht pünktlich erscheint?
- ☐ Wann ist die Zahlung fällig?

✓ Beachten Sie auch weitere Kosten, die entstehen können (z.B. bei Hussen die Versand- und Reinigungskosten, falls die Artikel gewaschen und gebügelt zurück geschickt werden müssen).

€ Informieren Sie sich vor der Bestellung von Mietsachen bei Billiganbietern (z.B. Ikea, Ebay, etc.), was die Artikel dort kosten würden (z.B. Zelte, Hussen, Teller, Vasen, etc.). Falls der Preis annähernd gleich ist wie beim Mietservice, macht es durchaus Sinn, die Artikel zu kaufen und später wieder zu verkaufen. Dann ist es auch kein Problem, falls einmal etwas kaputt gehen sollte.

UNSER TIPP

Mietsachen/Ausgeliehenes

Ausgeliehen von	Was wird ausgeliehen	Anzahl	Lieferung am	Rückgabe am

Mietsachen/Ausgeliehenes

Ausgeliehen von	Was wird ausgeliehen	Anzahl	Lieferung am	Rückgabe am

Mietsachen/Ausgeliehenes

Ausgeliehen von	Was wird ausgeliehen	Anzahl	Lieferung am	Rückgabe am

Notizen

Notizen

Notizen

Notizen

Notizen

IHK - Zertifizierte Hochzeitsplanerin

Sie wollen sich zurück lehnen und die Zeit genießen, frei sein von allem Hochzeitsstress? So nehmen Sie mein Angebot zur Komplett-Planung in Anspruch.

Sie sind in der Planung und suchen noch ein besonderes Highlight welches Ihre Hochzeit unverwechselbar einmalig werden lässt – in meinen Teil-Planungs-Angeboten biete ich eine Vielzahl an Möglichkeiten.

Sie stehen noch ganz am Anfang und machen sich Gedanken wie Sie die Planung am besten angehen, worauf man achten sollte .... So nehmen Sie meine weiteren Einzelleistungen in Anspruch.

Besonderes Highlight: Mein Bastelworkshop, für einzigartige handgefertigte Papeterie.

Besuchen Sie meine Homepage www.kreative-hochzeiten.de und vereinbaren Sie mit mir einen Termin für ein erstes kostenloses Gespräch.

Die Community zur Hochzeit.
"Braut sein macht Spaß..."
Diggis-Hochzeitsforum.de

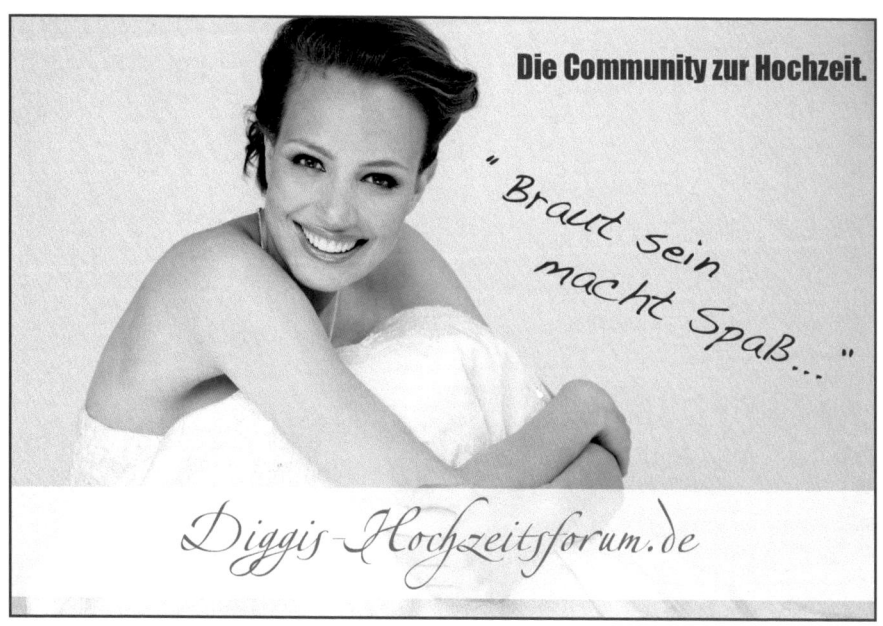

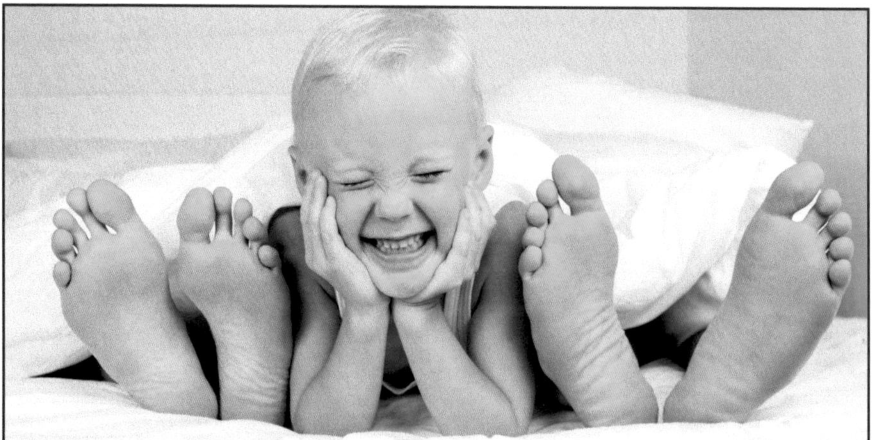
Familienplauderei.de
Das Forum zu allen Themen des Familienalltags

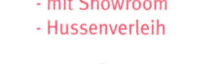

Fotograf: Daniel Weisser

Raffael und Sonja Schulz

Die Hochzeitsexperten Raffael und Sonja Schulz (verheiratet seit 2009) konnten nicht nur viele Ideen und Erfahrungen bei ihrer eigenen Hochzeit sammeln, sondern betreiben mit Hochzeitsportal24.de auch eines der größten Hochzeitsportale im deutschsprachigen Raum.

Durch die vielen Kontakte und Erfahrungen, die sich im Laufe der Jahre ergeben haben, konnten Raffael und Sonja Schulz die wichtigsten (und oft vergessenen) Punkte der Hochzeitvorbereitung zusammentragen, um sie in diesem Checklisten-Buch allen zukünftigen Brautpaaren zur Verfügung zu stellen.

Das Ehepaar lebt in einer kleinen Stadt in der Nähe von Stuttgart.

Danksagung

Wir sagen Danke

Dieses Buch zu schreiben und zu gestalten war für uns eine sehr spannende und aufregende Zeit. Natürlich ist ein Buch mit diesem Umfang nicht ohne die Hilfe von anderen möglich. Daher möchten wir uns bei allen bedanken, die uns bei diesem Buch geholfen haben.

Besonderer Dank gilt unseren Eltern und Geschwistern für die Liebe, Fürsorge und lustigen Momente. Wir sind sehr glücklich darüber, dass es euch gibt!

Bei unseren Korrekturlesern – Ralf Matthäus, Sarita Knapp und Daniela Ludwig – möchten wir uns herzlich bedanken für die fleißige Fehlersuche, für all die Änderungen „vom Schwäbischen ins Hochdeutsche" und die kleinen aber feinen Umformulierungen.

Außerdem möchten wir uns bei folgenden Personen und Firmen bedanken, die dieses Buch durch beratende und finanzielle Unterstützung ermöglicht haben: Jenny`s kreative Hochzeiten, Catering In Köln, Diggis-Hochzeitsforum.de, Familienplauderei.de, Flotte Frisuren Mobilfriseur & Limousinenservice, Redenservice.de, Ja-hochzeitsshop.de, format-reich.de, Sylvia Schulz und Daniel`s Blumenstudio. Mit Ihrer Unterstützung kann dieses Buch kostengünstig und in Farbe veröffentlicht werden.

Danke auch an alle, die dieses Buch gekauft haben und/oder dieses Buch an zukünftige Brautpaare weiterempfehlen und somit jedes Hochzeitsfest bereichern können.

Vorab möchten wir uns noch bei allen bedanken, die uns mit Anregungen, Kritik und Tipps helfen, dieses Buch in Zukunft noch besser zu machen. Wir freuen uns über jede E-Mail, die Sie uns über info@hochzeitsportal24.de zukommen lassen können.

Bildnachweis

www.fotolia.de

Cover: © Martina Fenske
Seite 2+3: © Martina Fenske
Seite 4: © mane82
Seite 6: © Ron Chapple Stock und konradbak
Seite 7: © R.-Andreas Klein
Seite 8: © arox
Seite 9: © Milkos
Seite 12: © Frog 974
Seite 19: © Yuri Arcurs
Seite 20: © johannespreter
Seite 21: © biker3
Seite 22: © Kzenon
Seite 23: © Robert Kneschke
Seite 25: © pressmaster und arox
Seite 27: © Eric Limon
Seite 28: © Phillip Holland
Seite 30: © Guido Akster
Seite 32: © Monkey Business
Seite 33: © DanielaEvaSchneider
Seite 34: © Comaniciu Dan
Seite 45: © Nicky Jacobs
Seite 46: © Katrin Linke
Seite 48: © Mat Hayward
Seite 50: © James Sheppard
Seite 51: © MNStudio
Seite 53: © Martina Fenske
Seite 54: © Sandor Jackal
Seite 57: © Eduard Kraft
Seite 58: © ISO K° - photography
Seite 60: o. l. © Carlush
    o. r. © nmrtgh
    u. l. © krabata
    u. r. © lichtaloh
Seite 61: o. l. © Vladislav Lebedinski
    m. o. © Maria Sbytova
    m. u. © Christophe Denis
    o. r. © Friday
    u. l. © aleshin
    u. r. © Surkov Vladimir
Seite 62: © Nataliya Hora
Seite 63: © JM Fotografie
Seite 64: © Photoinjection
Seite 66: © Olaf Wandruschka
Seite 68: © PlanD
Seite 70: © JACK YOUNG
    © Remzi
Seite 71: © Anna Mironova
Seite 73: © paylessimages
Seite 74: © Esther Hildebrandt
Seite 77: © peach100
Seite 79: © Yuri Arcurs
Seite 81: © Paylessimages
Seite 83: © Mat Hayward
Seite 84: © CARLO BUTTINONI FOTOGRAFO
Seite 92: © Günter Menzl
Seite 96: © Esther Hildebrandt
    © Raimundas
Seite 99: © Zeit4men
Seite 100: o. l. © Dmitry Ersler
    o. r. © Zsolt Farkas
    u. l. © MNStudio
    m. o. © NorthEnder
    m. u. © Zeit4men
    u. r. © Esther Hildebrand
Seite 101: o. l. © Esther Hildebrandt
    o. m. © Paul Retherford Photography, LLC
    o. r. © MNStudio
    m. l. © MANUEL BERGAMIN FOTOGRAFO
    u. l. © Esther Hildebrandt
    u. r. © john f karwoski | photographer
Seite 102: o. l. © Dima_Rogozhin
    o. r. © Eric Limon
    m. l. © Maria Sbytova
    m. r. © Greg Blomberg
    u. l. © cohelia
    u. r. © Pokrovskaya Ekaterina
Seite 103: o. l. © Berchtesgaden
    m. o. © Marion Hassold Photography
    m. u. © Andriy Petrenko
    o. r. © Esther Hildebrandt
    u. l. © tinanachtigall
    u. r. © Janet Layher
Seite 104: o. l. © Speedfighter
    m. o. © Arunas Gabalis
    m. u. © Michael Schindler
    o. r. © neirfy
    u. l. © paul.west
    u. r. © Zhu Difeng
Seite 105: o. l. © DeVIce
    o. r. © Dieter Hawlan
    u. l. © civos
    m. o. © layt
    m. u. © RG.
    u. r. © JM Fotografie
Seite 106: © Thaut Images
Seite 110: © al62
Seite 113: © Vitaly Krivosheev
Seite 114: © Michael Schindler
Seite 115: © MNStudio
Seite 118: © undividedlove
Seite 120: o. l. © Chris Niemann Photography
    o. r. © TMakotra
    m. l. © Eric Limon
    m. r. © Eric Limon
    u. l. © Greg Blomberg
    u. r. © nickvango
Seite 121: o. l. © Eric Limon
    m. o. © dudadidi
    m. u. © photosoup
    o. r. © Katrina Brown
    u. l. © Tudor
    u. r. © Eric Limon
Seite 122: © Fanch Galivel
Seite 123: © krabata
Seite 125: © BlueOrange Studio
Seite 126: © Martin Valigursky
Seite 128: © Alena Ozerova
Seite 131: © lexuss
Seite 158: © Martina Fenske
Download Symbol: © Matador
Unser Tipp Symbol: © THesIMPLIFY
Rückseite: © Martina Fenske

Impressum

ISBN-13: 978-3-00-040569-3

Verlag: Hochzeitsportal24 GmbH, Vaihingen/Enz

www.hochzeitsportal24.de

Gestaltung und Layout: Sonja Schulz

Druck und Bindung: g[b]k-MARKETINGSERVICES

Printed in Germany

1. Auflage Dezember 2012

Alle Angaben in diesem Buch basieren auf der Erfahrung und sorgfältigen Recherche der Autoren. Diese Angaben, Tipps und Hinweise wurden mit größter Sorgfalt zusammengetragen. Bitte beachten Sie, dass alle Angaben als Richtwerte zu sehen sind. Die Autoren sowie der Verlag haften nicht für etwaige Fehler oder Unvollständigkeit und daraus entstandene Sach-, Vermögens- und/oder Personenschäden. Änderungen, die sich nach dem Druck ergeben können (z.B. Internetadressen, Preise, etc.), sind nicht auszuschließen.